本书获得海南省哲学社会科学规划课题"海南自贸港品牌形象
建设与传播"（项目编号：JD21-12）、国家社会科学基金项目
"'两山'理论下西南民族地区农业高质量发展的品牌化策略
研究"（批准号：21BGL129）资金资助

热带农商管理系列丛书

消费者——品牌关系隔离的形成机理研究

潘友仙　著

中国财经出版传媒集团

经济科学出版社

Economic Science Press

图书在版编目（CIP）数据

消费者—品牌关系隔离的形成机理研究/潘友仙著.
－－北京：经济科学出版社，2022.11
ISBN 978－7－5218－4343－9

Ⅰ.①消…　Ⅱ.①潘…　Ⅲ.①消费者行为论－研究
Ⅳ.①F713.55

中国版本图书馆 CIP 数据核字（2022）第 220639 号

责任编辑：刘　莎
责任校对：靳玉环
责任印制：邱　天

消费者—品牌关系隔离的形成机理研究

XIAOFEIZHE—PINPAI GUANXI GELI DE XINGCHENG JILI YANJIU

潘友仙　著

经济科学出版社出版、发行　新华书店经销
社址：北京市海淀区阜成路甲 28 号　邮编：100142
总编部电话：010－88191217　发行部电话：010－88191522
网址：www.esp.com.cn
电子邮箱：esp@esp.com.cn
天猫网店：经济科学出版社旗舰店
网址：http://jjkxcbs.tmall.com
固安华明印业有限公司印装
710×1000　16 开　13 印张　210000 字
2022 年 11 月第 1 版　2022 年 11 月第 1 次印刷
ISBN 978－7－5218－4343－9　定价：59.00 元
（图书出现印装问题，本社负责调换。电话：010－88191510）
（版权所有　侵权必究　打击盗版　举报热线：010－88191661
QQ：2242791300　营销中心电话：010－88191537
电子邮箱：dbts@esp.com.cn）

前　言

　　品牌忠诚是企业获取长期利益的重要保障，良好的品牌关系是实现品牌忠诚的基础，为了能建立起长期、稳固的消费者—品牌关系，许多企业在不懈地努力着。但在当今商品极大丰富、各企业不断更新促销手段的环境下，消费者与品牌间持续性的长期忠诚越来越难以获得。现实中，为了让消费者对品牌保持长久的热情，一些企业付出了许多的努力，例如星巴克、可口可乐、苹果公司等就是典型的例子。消费者在较长时期内能保持与品牌持续性的关系很大程度上取决于情感忠诚。情感在维系品牌与消费者关系中起着重要作用。

　　近几年来，"品牌如何与消费者建立起情感联系"逐渐成为关系营销研究的热点问题。消费者会与品牌建立起情感关系，同样建立起的情感关系也会慢慢消退。对于企业而言，不仅要知道如何与消费者建立情感，还要知道所建立的情感为什么会消退。因此，有必要研究消费者与品牌之间的关系为什么会恶化，以便为我们的企业更好地维系与消费者关系、实现品牌忠诚提供理论指导及对策建议。

　　随着学术界对情感因素的关注，相继出现了品牌依恋、品牌隔离、品牌断裂等词汇，这三者都描述消费者与品牌之间的关系，但内涵与侧重点则各不相同。品牌依恋是个人与品牌之间一种富有情感的独特纽带关系，品牌隔离是因情感淡化或低强度的负面品牌信息导致消费者对品牌的一种"情感搁置"态度，品牌断裂则意味着消费者与品牌之间的行为和情感互动终止。本书从情感和行为两个角度出发，运用定性与定量分析相结合的方法，试图厘清三者之间的关系。与已经断裂关系的消费者再建立起情感联系，对企业而言难度较大。在品牌隔离阶段，消费者对品牌尚有少量积极情感、没有消极情感，在此阶段企业若能采取适当措施则能最大限度地挽回即将流失的顾客并节省关系修复资源。但前提是营销管理者能够判断企业品牌与消费者是否处于隔离状态。本书开发的品牌隔离测量工具、品牌隔离形成机理模型等均能为管理者的判断提供依据。

研究过程中通过文献综述归纳并拓展品牌隔离的影响因素，探寻影响因素对品牌隔离的影响机理，构建概念模型并提出假设；运用规范的量表开发程序编制本土化品牌隔离量表；通过问卷收集数据，使用先进的软件包 SPSS18.0、AMOS17.0 对所获数据进行科学分析，通过计量分析、结构方程模型等方法检验概念模型中各个假设。通过实证研究得出了如下结论：（1）品牌内在因素变化、外部情境因素变化是导致品牌隔离的关键因素，而消费者个人因素的变化不会造成品牌隔离；（2）感知风险中介变量没有直接对品牌隔离产生影响，而是通过感知价值中介传导作用间接对品牌隔离产生影响；（3）品牌内在因素变化通过两条路径对品牌隔离产生影响，其一是品牌内在因素通过感知价值中介作用对品牌隔离产生影响，其二是通过感知风险、感知价值两个中介作用对品牌隔离产生影响；（4）外部情境因素变化通过自我概念一致性中介作用对品牌隔离产生影响；（5）在感知价值与品牌隔离的关系中，初始品牌关系质量起着显著调节作用；（6）在消费者自我概念一致性与品牌隔离的关系中，初始品牌关系质量的调节作用显著。

根据研究结论，为企业实施情感提升、避免隔离提出以下对策建议：（1）企业可以通过改变品牌内在因素、关注外部情境因素等策略来增加品牌与消费者间的积极情感，避免隔离的发生；（2）企业可以通过提高消费者自我概念一致性、感知价值来增强消费者对品牌的积极情感；（3）企业在实施情感提升策略时，可以考虑选择初始品牌关系质量为市场细分的标准。

本书的研究厘清了品牌隔离、品牌依恋、品牌断裂三者的关系，制定了本土化的品牌隔离量表，构建了品牌隔离形成机理模型，为理论界进一步研究消费者与品牌间的情感关系奠定了基础。一方面拓宽了消费者与品牌关系研究的视野，完善和补充现有的品牌关系理论；另一方面为管理提供识别顾客即将离开的信号，预防关系进一步恶化。

限于作者的理论与业务水平，加之时间仓促，书中难免有疏漏不足之处，望读者多担待并批评指正。

潘友仙

2022 年 11 月

目录
CONTENTS

第一章

绪　　论

进入 21 世纪以来，市场营销环境发生了根本性变化，那些擅长维系情感的品牌备受消费者青睐。因此，企业要想夺得有利的市场地位和获取丰厚的利润，必须与消费者建立起稳固的、持久性的情感关系。在品牌关系管理中，企业除了要学会与消费者建立起情感关系外，还要知道建立的情感关系为什么会消退，以及将采取怎样的措施挽回即将失去的顾客，才能使品牌之树长盛不衰。

第一节　研究背景与意义

一、研究背景

品牌忠诚是企业长期获利的重要保障，良好的品牌关系是实现品牌忠诚的基础，为了能建立起长期、稳固的消费者—品牌关系，许多企业在不懈地努力着。然而，消费者—品牌之间的关系是脆弱的，随着时间的变迁，消费者与品牌的关系会发生各种各样的变化，有些关系中断，有些关系终止，有些关系消亡①。改革开放以来，品牌关系解除的例子层出不穷："燕舞""太阳神""秦池"等曾经耳熟能详的品牌渐渐淡出消费者的视野；2014 年农夫山泉"标准门"事件，

---

① Halinen, A, Tahtinen, J. A Process Theory of Relationship Ending. International Journal of Service Industry Management, 2002, 13（2）: 163 - 178.

许多消费者因质疑农夫山泉饮用天然水的质量而毅然离开该品牌；2015 年大众汽车"排放门"事件，让许多欲购大众汽车的消费者徘徊观望。1990 年，我国商业部认定 1 600 多家中华老字号企业并授予金字招牌，但到了今天，70% 的企业经营状况不佳，20% 面临倒闭破产，只有 10% 效益良好①。在当前环境下，丰富多样的商品使得消费者有更多的选择、品牌犯错使得消费者主动解除与原品牌的关系、企业不断推出的促销活动吸引着消费者尝试新品牌……导致消费者与品牌间持续性的长期忠诚越来越难以获得。

有研究表明，企业吸引一个新顾客的成本是维系一个老顾客成本的 5 倍②，因此越来越多的研究开始关注如何留住顾客维系品牌忠诚。有研究曾把产品质量和顾客满意看作是顾客背叛品牌的关键因素，但也有研究认为这些不是决定因素，因为有研究发现一些满意的顾客离开了品牌，一些不满意的顾客却留了下来。因此，只是简单地为消费者提供满意的体验并不能获得长期的成功，顾客满意和顾客忠诚是弱相关关系③。现实中，为了让消费者对品牌保持着长久的热情，一些企业付出了许多的努力，例如星巴克、可口可乐、苹果公司等就是典型的例子。消费者在较长时期内能保持与品牌持续性的关系很大程度取决于情感忠诚，这才是真正持久的品牌忠诚之道④。因此，情感在维系品牌与消费者关系中起着重要作用。

近几年来，情感因素已经成为学术界普遍关注的一个新课题，学者们努力探索着怎样才能与消费者建立起情感关系。消费者会与品牌建立起情感关系，但建立的情感关系也会慢慢消退。企业不仅要知道

---

① 世品. 让百年"老字号"再振雄风 [J]. 现代企业文化，2008 (2)：88 - 90.

② Reichheld, F F & Sasser, Jr. , W E. "Zero Defections：Quality Comes to Services". Harvard Business Review, 1990, 68 (5)：105 - 111.

③ Yim C K B, Tse D K, Chan K W. Strengthening Customer Loyalty through Intimacy and Passion：Roles of Customer - Firm Affection and Customer - Staff Relations in Services [J]. Journal of Marketing Research, 2008, 45 (6)：741 - 756.

④ Oliver R L. Whence Consumer Loya [J]. Journal of Marketing, 1999, 63：33 - 44.

如何与消费者建立情感，而且还要知道所建立的情感为什么会消退①。消费者—品牌间关系与人际关系非常相似，都会经历起始、发展、维系、恶化和断裂等阶段②，消费者—品牌间关系恶化始于情感恶化。品牌隔离（brand detachment）被看作是消费者和品牌关系恶化的开始，是消费者与品牌关系结束倾向的风向标。当消费者与品牌产生隔离，消费者与品牌的情感联系和心理亲近感非常微弱甚至不再存在，对品牌先前存在的积极情感微乎其微或完全消失③。

本书旨在探索和回答以下问题：品牌隔离被看作品牌关系恶化的标志，品牌隔离是怎么产生的？哪些因素会激活品牌隔离的发生？其形成机理到底是什么？如何对品牌隔离进行度量？

二、研究意义

（一）理论意义

品牌隔离作为品牌关系恶化的情感部分在维系品牌忠诚中起着重要作用，但现有文献对品牌隔离的研究才刚刚起步，尚不能很好地解释品牌隔离对品牌关系的影响。本研究试图从情感和行为两个角度厘清品牌依恋、品牌隔离、品牌断裂三者的关系，以中国文化为背景，使用规范的量表制作方法编制适合中国消费者的品牌隔离测量量表，运用推导演绎、调查问卷、计量分析、结构方程模型等方法创新性构建品牌隔离形成机理模型。

本研究的开展一方面拓宽消费者与品牌关系研究的视野，丰富和完善消费者行为和关系营销理论；另一方面也是对现有品牌关系理论

---

① 徐小龙，苏勇. 消费者—品牌关系断裂研究述评 [J]. 现代管理科学，2011（8）：11－13.

② 徐小龙，苏勇. 产品伤害危机下消费者—品牌关系断裂研究 [J]. 中南财经政法大学，2012（3）.

③ Mai, Li－Wei, Conti, Paolo G. Dissolution of a Person-brand Relationship: An Understanding of Brand-detachment. European Advances in Cons-umer Research, 2008（8）：421－430.

的完善和补充。

（二）实践意义

品牌隔离意味着消费者—品牌间积极情感逐渐淡化与消失，隔离不像排斥、憎恨、厌恶等强烈的负面情感，企业在隔离阶段采取补救措施不仅可以最大限度地重获顾客，而且还能节省关系修复资源。但前提是企业管理者能够判断企业品牌与消费者是否处于隔离状态，本书开发的品牌隔离测量工具、品牌隔离形成机理模型等均可为管理者的判断提供依据。

本书一方面为管理者提供识别顾客即将离开的信号，以预防关系进一步恶化；另一方面让企业管理者了解品牌隔离的形成过程，以防范品牌隔离的发生。

第二节　研究方法、结构、技术路线及关键技术

一、研究方法

本书的研究内容包括理论推导、数理模型、实证检验和策略建议，因此在研究过程中拟运用到的研究方法有：

1. 基于文献归纳的理论推导演绎法

以市场营销学、消费者行为学、社会心理学等相关领域的知识为基础，通过分析、吸收前人的研究成果，以品牌隔离影响因素为出发点，运用推导和演绎方法尝试构建品牌隔离形成机理概念模型。

2. 基于量表开发的小组座谈、问卷调查、专家咨询法

在品牌隔离量表开发过程中，测量条目的获取除了使用文献研究法外，大部分的条目是通过小组座谈法来实现；邀请有关专家对测量条目进行修正和补充，之后采用 Likert 量表形式设计问卷进行调查，

取得数据并施测后形成最终量表。

3. 基于调研数据的探索性因子分析（EFA）、验证性因子分析（CFA）、结构方程模型等计量经济分析方法

最终隔离量表生成是通过设计问卷并施测取得调研数据后，通过探索性因子分析（EFA）来提炼量表的主要维度，并确定每个维度的条目；构建的品牌隔离形成机理概念模型是在调研数据基础上运用验证性因子分析（CFA）、结构方程模型进行检验。

二、结构安排

第一章主要介绍研究背景与意义、研究方法、全书结构、技术路线及关键技术。

第二章是理论基础与文献综述部分。本章对研究中将要使用到的理论进行介绍和回顾，首先，对品牌关系和关系营销理论进行回顾，主要从内涵、影响因素、构面等几个方面进行全面回顾；其次，对品牌断裂理论进行梳理，主要从断裂界定、断裂原因、影响因素等几个方面进行梳理；再次，对品牌隔离理论进行回溯，主要从隔离的含义、影响因素、对品牌关系的影响等几个方面进行回溯；最后，对研究中将使用到的其他理论进行援引。

第三章是核心概念辨析。首先，对品牌依恋、品牌隔离、品牌断裂概念进行界定；其次，运用定性分析法，对品牌依恋与品牌隔离之间的关系以及品牌隔离与品牌断裂之间的关系进行辨析；最后，运用定量分析法，对品牌依恋与品牌隔离关系、品牌隔离与品牌断裂关系进行分析。

第四章构建概念模型并提出研究假设。依据第二章援引的理论基础和文献成果，以及消费者自我概念一致性、感知风险、感知质量等理论，探讨消费者风险态度、初始品牌关系质量的调节作用，研究消费者自我概念一致性、感知风险、感知质量的中介作用，提出本书的研究假设。

第五章引入各测量变量，并利用预调研收集的数据对各测量变量的信度和效度进行检验；然后运用规范的量表开发程序编制适合中国消费者的品牌隔离量表。

第六章是数据分析与研究结果。将预调研中通过信效度检验的量表设计成正式问卷，对正式问卷进行信效度分析，再对模型进行拟合度检验，最后才运用结构方程模型对第四章提出的概念模型进行检验。

第七章是研究结论和管理借鉴部分。首先，对本书的研究结果进行简单阐述；其次，为企业预防品牌隔离提出相应的情感提升策略和建议；最后，是本书可能存在的创新、局限性和未来的研究方向。

三、技术路线

在研读梳理和评价已有文献的基础上，首先，本研究以现有理论为基础，对品牌依恋、品牌隔离和品牌断裂三者关系进行辨析；其次，通过推理演绎方法构建品牌隔离形成机理概念模型，运用小组座谈、专家咨询、问卷调查并通过信度效度分析、探索性因子分析等计量分析方法开发本土化的品牌隔离量表；再次，在此基础上，借助问卷收集数据并使用结构方程模型等计量方法对概念模型及假设进行检验；最后，综合前三步的研究结果，提出本书的研究结论及管理启示（如图 1 -1 所示）。

四、关键技术

基于坚实的理论研究和科学的数据搜集，本研究的关键技术将是收集较为理想的消费者行为数据及运用相关的统计分析软件对数据进行分析。本研究将使用当下最为普及的问卷星平台收集电子问卷并结合传统方法收集纸质问卷，为了收集到较为理想的数据，问卷中将设置过滤性问题和控制性问题，将不符合要求的问卷、没认真作答的问卷及有漏答的问卷剔除掉。并使用先进的软件包 SPSS18.0、AMOS17

对所获取数据进行科学分析。包括使用 SPSS18.0 完成描述性统计分析、探索性因子分析（EFA），再结合 AMOS 进行验证性因子分析（CFA）对数据的信度和效度进行检测，运用结构方程模型对概念模型进行检验。

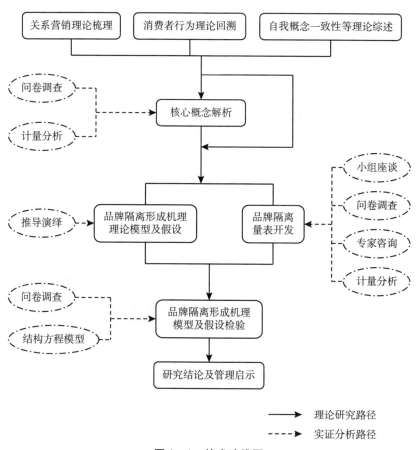

图 1-1 技术路线图

第二章

理论基础与文献综述

本章主要研究品牌关系相关内容，首先系统回顾了品牌关系理论与品牌断裂理论；在此基础上，对国内外品牌隔离的相关理论进行回溯；最后对研究将使用到的其他理论进行援引。

第一节　关系营销和品牌关系理论

一、关系营销理论

1983 年，贝里（Berry）首次提出关系营销，认为关系营销有维系和增强客户关系的作用[①]。雷奇汉和蒂尔（Reichheld & Teal，1996）通过调查研究发现，关系营销对于提升企业的盈利能力有显著效果[②]。关系营销理论具备人际关系的普遍特点，它通常会因社会关系及社会交换中的亲密伙伴而受到影响（Dwyer，Schurr & Oh，1987）。企业为了获得持续性的竞争优势，应该与自己的交易伙伴及相关群体建立起互惠互利、和谐稳定的伙伴关系。关系营销实质上是把营销看作建立客户关系网并与之互动的意识或理念。

随着研究的深入，关系营销理论不再局限于服务领域，而是逐渐

---

① Berry L L, Relationship marketing, Berry L L, Shostack G L, Upah G（Eds.），Emerging Perspectives on Service Marketing, Chicago：American Marketing Association，1983：25.
② Reichheld F, Teal T. The loyalty effect, Boston：Harvard Business School Press，1996：39.

向其他领域扩散，如供求关系（Dwyer，Schurr & Oh，1987）、渠道管理（Ganesan，1994）、销售管理（Homburg & Stock，2004）以及商业服务的企业关系（Gounaris，2005）等。品牌关系质量这一说法由富尼耶（Fournier）提出，是指以品牌管理为基础，并由此说明品牌和消费者之间存在着关系纽带。托尔波姆布伦纳和斯密（Tolbomm，Bronner & Smit，2007）研究发现品牌关系质量的区别与消费者选择具有强烈关联性，消费者更愿意与具有鲜明特征的品牌建立联系。

首次将关系营销理论引入中国的是韩玉珍。汪涛和陈露蓉（2004）认为中西方文化对关系营销理论的理解基本是一致的，西方学者认为信任、承诺和情感是构成关系营销的基础，同样，承诺、情感和信任也是中国维系商务关系的基本条件，与顾客建立起长期稳定的关系是关系营销的根本目的。

二、品牌关系理论

品牌关系是以品牌理论为基础并融入关系营销理论而形成的前沿课题。该理论认为与人际关系类似，品牌也会对消费者在行为和态度方面产生反馈①。这一观点在学术界迅速地蔓延开来，近年来学术界对品牌关系进行了大量的研究，研究结论丰硕，研究成果主要包含以下几个方面：

（一）品牌关系的内涵

布莱克斯通（Blackston，1992）、贝里（1995）、穆德库（Mundkur，1997）等学者认为品牌关系是一种双向互动关系，品牌与消费者之间的关系与人和人之间的关系相似，品牌与消费者之间存在相互产生态度的现象。弗兰森（Franzen，1999）认为品牌关系除了包括态度成分外还应该包括互动成分，这种互动主要是指消费者与品牌的

---

① 周志民. 品牌关系研究述评［J］. 外国经济与管理，2007（4）.

互动内容与频率。总的来说，品牌关系是消费者与品牌间的态度，这种态度是双向的并且不断变化着的，是消费者与品牌之间的认知、情感与行为的互动过程。

品牌与消费者关系的演变包含几个阶段，克洛斯和史密斯（Cross & Smith，1995）提出品牌关系五阶段论，包括认知、认可、关系、族群和拥护阶段；阿克尔和富尼耶（Aaker & Fournier，1998）等学者根据人际关系和买卖关系五阶段理论，认为品牌关系发展包含六个阶段，即注意、了解、共生、相伴、断裂和再续。总而言之，品牌关系的发展是一个渐进化的过程，企业推出品牌后，必定致力于让消费者注意并了解企业品牌，待品牌关系建立后又要花心思维持这种关系，在管理品牌关系的过程中由于品牌个性、消费情境、竞争对手等因素的变化不可避免引发关系的恶化，为了延续与消费者的关系，企业则会采取各种各样的方法留住顾客以使品牌关系继续发展，阿克尔和富尼耶（1998）等人后又提出品牌关系再续的概念，这一新的研究进展拓展了品牌关系研究的视野，同时也重新引发学术界对关系修复、重获、再续等问题的持续关注。

（二）品牌关系的类型

1998 年，富尼耶提出了品牌作为伙伴关系的概念，并将消费者与品牌间关系类比为人际关系，在此基础上提出了 15 种品牌关系类型。此外，富尼耶还利用深度、强度和品质三个指标对消费者—品牌间的关系进行评估，他认为消费者—品牌的关系可以分为正性情感、行为连结和支持性认知：正性情感是品牌关系的关键，一旦消费者对品牌产生了正性情感，若将该品牌强制夺走，顾客会因此产生强烈的焦虑，爱和激情都是属于正性情感的范畴；行为连结会使消费者与品牌间的关系变得更加持久，忠诚属于行为连结范围；支持性认知是消费者对自己喜欢的品牌有着极为丰富的知识结构，品牌伙伴质量和亲密是属于支持性认知范围①。

许多学者同意品牌关系的类型分为亲密关系与交换关系两种（Clark & Mills，1989；Aggarwal & McGill，2001）。亲密关系是以情感为纽带而建立的诸如亲朋好友等紧密的个人关系，而交换关系则是以交换为前提建立的合作伙伴关系。考特勒（Kotler，1992）提出五种由低水平至高水平的关系类型，即贫乏型、相关型、问责型、持续兴趣型及真实伙伴型。法吉尔和施顿（Fajer & Schouten，1995）将朋友间关系发展类比为品牌忠诚的发展，会经历相互吸引、友谊投资、最终升华为亲密关系的阶段。消费者与品牌间关系的发展与人际关系类似，消费者首先对品牌进行一些尝试，在产生好感之后，随着双方的共同投资，消费者对品牌产生忠诚甚至迷恋。综上所述，不同的学者对品牌关系的类型进行了分类，但在所有的分类中，多数观点是将品牌关系的类型按朋友间的亲疏关系进行区分。

（三）品牌关系的影响因素

品牌关系好与坏关系到企业是否能与顾客建立起长期稳定的关系，是否能从品牌关系中获取利润，因此企业界与理论界都非常关注哪些因素会影响到品牌关系的形成与维系。现有文献表明影响品牌关系的因素主要有：品牌个性、消费情境、企业因素及竞争者因素等。

1. 品牌个性

品牌个性是被赋予的一组人格特征②。周志民（2006）的实证研究表明，不管消费者是否认知或是认同品牌个性，他们都有可能与品牌形成工具型关系（基于优惠）；品牌个性认同度与情感型品牌关系（基于利益）并无显著的直接联系，品牌个性认知度是两者中介变

---

① Fournier, Susan. Consumers and their Brands：Developing Relationship Theory in Consumer Research [J]. Journal of Consumer Research，1998，24（4）：343–373.

② Blackston, M. Observations：Building Brand Equity by Managing the Brand's Relationships [J]. Journal of Advertising Research，1992：79–83.

量。部分文献认为品牌个性对品牌关系有显著影响①。例如吴真玮（1998）认为使用品牌频率较高的消费者对品牌个性的信赖程度明显高于使用频率低的消费者；马进军等（2011）以品牌满意为中介变量进行研究，研究结果证实了该结论。

2. 消费情境

消费者在选购商品时会受到许多因素的影响，其中一个就是消费情境。消费情境是发生在消费者购买或消费行为中短暂的环境因素，包括购买时的心情、健康情况与购买场所的环境等，它对消费行为产生刺激效果。贝尔克（Belk，1975）早年的研究成果显示，消费情境解释了 18.7% 的消费者行为，因而认为，消费者情境与消费行为具有极强的关联性。桑德尔（Sandell，2000）的研究结果与贝尔克不谋而合，研究结论显示，情境消费解释了超过 40% 的消费行为变量，而个人特性方面的解释程度较低，只占 28%。现有少量的文献探讨了社会环境、物质环境对品牌关系的影响，如代祺、周庭锐和胡培（2007）的研究表明，当品牌个性与品牌关系吻合度比较高时，群体压力几乎无法影响消费者购买行为，也不能改变顾客的购买意向；而当品牌个性与品牌关系吻合度较低时，学者的研究存在一定的差异性：萨哈和夏尔马（Arvind Sahay & Nivedita Sharma，2010）对成年人和未成年人做了一组实验，结果显示，年龄成为群体压力影响购买意向的因素之一，年龄越大，群体压力影响购买意向的程度就越小。而代祺、周庭锐和胡培（2007）则认为自我一致性的高低是决定消费者在面临群体压力时，购买意愿变化的决定因素。贝弗兰德等（Beverland et al.，2006）研究得出消费环境的音乐必须符合品牌形象，这样才能让消费者通过音乐营造的消费氛围真切地感觉到品牌形象，以加强品牌关系的构建。贝尔克的研究发现，消费情境因素还包

---

① Feff Hess, Fohn Story. Trust-based Relationships [J]. Journal of Consume Rcommitment: Marketing, Multidimensional Consumer-brand, 2005, 22 (6): 313 – 322.

括时间因素、物质环境、任务情况、前行状态及社会环境等，目前只有少量文献对社会环境、物质环境进行研究，其余几个方面鲜少涉及。

3. 企业因素

品牌关系与拥有该品牌的企业形象是密切相连的，一般将促进或者损害品牌关系的企业行为分为与企业能力相关的行为和与企业社会责任感相关的行为①。谢毅、彭泗清（2008）通过一项探索性研究提出营销组合是众多企业因素中影响品牌关系最重要的因素。克雷恩和达瓦尔（Klein & Dawar，2004）的研究认为，企业社会责任会给顾客的选择带来晕轮效应。

4. 竞争者因素

竞争性品牌的质量、竞争对手的强弱等方面的因素对品牌关系也会产生影响。谢毅、彭泗清（2008）采用定性方法研究表明竞争对手的强弱、市场竞争程度也会影响到品牌关系的形成。

综上所述，影响品牌的核心因素主要有品牌个性、企业因素、消费情境及竞争者因素等。另外，经研究发现，以上四个因素并不是影响品牌关系的所有因素，有些文献中零散地记载着品牌体验、关系意愿、消费价值等都会对品牌关系产生影响。

（四）品牌关系的构面

品牌关系概念构面化有利于企业在管理中评估、强化品牌关系，布莱克斯通（Blackston，1992）在研究中把品牌关系划分为信赖和顾客满意两个构面；富尼耶（1994）认为品牌关系应包含自我联结、个人承诺、爱与激情、相互依赖、亲密感情、品牌的伴侣品质等六个构面，并在此基础上研究出了品牌关系质量量表。海斯（Hess，1998）在富尼耶的基础上将品牌关系的六个构面融合成功能性、价

---

① 施光荣，范若琳. 品牌关系的影响因素研究述评 [J]. 经济研究导刊，2009 (4).

值表达、信赖（承诺）及感性等四个构面。莱维和韦兹（Levy & Weitz，1995）认为品牌关系的构面有很多，但承诺和信赖则是最主要的构面。摩根和亨特（Morgan & Hunt，1997）的实证研究表明，在品牌关系的多种构面中，承诺能产生最稳定的行为。邓肯和莫里亚蒂（Duncan & Moriaty，1997）认为强力的品牌关系构面包括信赖、一致性、可取得性、反应性、承诺、亲近与喜好几个方面。周志民（2006）认为品牌关系概念有狭义和广义之分，狭义概念是消费者与品牌之间的关系，广义概念是消费者与产品与符号、消费者与消费者之间的关系。狭义的品牌关系包含三个构面，即认知、情感、意动，广义的品牌关系包含五个构面，即归属、承诺、信任、熟悉和联想。学者们对品牌关系构面的划分见表2-1。

表 2-1　　　　　　　　　　　品牌关系的构面

研究者及年份	构面
Shimp & Madden（1988）	亲密、渴望、承诺
Blackton（1992）	消费者信赖、顾客满意
Markinor 市场研究公司（1992）	知名度、信任度、忠诚度
Fournier（1994）	爱与激情、自我联结、相互依赖、个人承诺、亲密感情、品牌的伴侣品质
Levy & Weitz（1995）	信赖/承诺
Morgan & Hunt（1997）	承诺
Duncan & Moriaty（1997）	信赖、一致性、可取得性、反应性、承诺、亲近与喜好
Hess（1998）	功能性、感性、信赖/承诺及价值表达
Franzen（1999）	相关的、自我概念连结、感性的情感、亲近、信赖、依恋、承诺
周志民（2005）	狭义构面：认知、情感、意动三个构面，广义构面：包括承诺、归属、熟悉、信任、联想
何佳讯（2006）	象征价值、信任/承诺、亲密情感

资料来源：根据相关文献整理。

品牌关系是品牌质量管理的核心内容，现有的品牌关系构面的研究不统一并存在较大差异，例如莱维、韦兹和亨特认为承诺是品牌关系最重要的构面，但布莱克斯通的研究结果缺少这一构面；富尼耶认为顾客满意是品牌关系的构面，但其他学者的研究却很少提及这一构面。从文献归纳的结果来看承诺、信任、信赖、依恋、功能利益、感性利益等是学者们普遍认可的品牌关系构面。

三、研究文献述评

品牌关系理论发展到现在已经有近二十年的历史，在这些年中，学者们的研究主要集中于品牌关系的影响因素、品牌关系的类型等，并形成了较为系统的理论体系。虽然现在对品牌关系理论的研究已经有许多的成果，但是还有一些不足之处。例如，多数有关品牌关系的研究成果都是以西方文化为背景，以我国文化为背景的研究并不多；有学者对品牌关系的影响因素进行研究，但影响因素考虑得不够全面；学者们对品牌关系的构面各持观点，尚未形成统一的看法，等等。具体表现为：

（一）对品牌关系的影响因素的概括有待完善

大多数学者认为，品牌个性、企业因素、竞争者因素和消费情境是品牌关系的核心影响因素。但是还有很多因素尚未考虑周全，例如，有些学者在文献中指出品牌体验、关系意愿、品类个性、品牌社区等也会影响品牌关系，只是这些观点还零散地分布在不同的文献中，并且只是简单一提并未进行深入的研究，因此，品牌关系影响因素还需要进一步挖掘。

（二）品牌关系的构面研究不统一

品牌关系的构面是评估、维持及强化品牌关系的依据，现有文献对品牌关系构面的研究较为深入，但是学者们的观点是各持己见、差异较大，尚未形成统一、普遍认可的观点。因此，关系构面有待进一步研究并提炼出较为一致的观点。

（三）品牌关系测定实证研究匮乏

品牌关系的研究虽然已经有了自己的理论体系，但目前的文献中，学者们大多数是以定性研究为主，定量研究鲜少，特别是对品牌关系的测量，学者们也是以理论陈述为主，运用模型进行实证研究的并不多。

（四）现有研究多立足西方文化背景

品牌关系理论最初起源于西方的人际关系理论，然而西方的人际关系理论与我国的情况有所不同，现有研究并未对其社会、文化、历史因素进行合理回避，使得品牌关系的研究适应性较差。因此我国的品牌关系研究应强调本土化的发展应用，并以之为基础进行研究，构建本土化的理论框架，这对于中国理论界发展和维护品牌关系有着重要的意义。

第二节　品牌断裂理论及文献回顾

消费者与品牌之间关系会经历起始、发展、维持、恶化和断裂等几个阶段[①]，一旦品牌关系断裂，消费者对品牌不再有感情，不再购买企业的产品，企业也会因此减少大量利润来源。平和杜瓦尔（Ping & Dwyer，1992）、吉勒和马蒂尔（Giller & Matear，2002）认为，关系断裂的成本较高，其中包括投资、诉讼、协商成本以及新建关系的成本等；雷切尔德和萨瑟（Riehcheld & Sasser，1990）的研究表明，消费者背叛每下降5%，公司长期利润将上涨25%～80%。目前，品

---

① Fournier, S. Consumers and their Brands: Developing Relationship Theory in Consumer Research [J]. Journal of Consumer Research, 1998, 24 (4): 343–373.

牌关系断裂研究的重要性得到众多学者的认可，只有更好地了解关系断裂才能更好地预防关系断裂。为此，近几年来，品牌关系断裂研究掀起一股热潮，越来越多的学者开始关注并投入其中的研究。

一、品牌关系断裂的界定

1992 年，布莱克斯通初次对品牌关系进行界定后，引发了学术界的广泛关注，对品牌关系的研究也逐渐成为关系营销的发展主流。但是，在前期的研究阶段，研究重点在于如何建立品牌关系，而对关系的中止或断裂因素等问题较少提及。从 20 世纪 90 年代中期开始，法吉尔和施顿（Fajer & Schouten，1995）率先研究关系断裂问题。他们认为断裂是一个包括"中断→衰减→脱离→断裂"而逐渐演变的过程。他们认为，消费者会因各种原因而疏远与品牌之间的关系，从而形成关系中断；而后，消费者对品牌青睐程度会逐步下降，引起关系衰减；随之，消费者会重新寻找替代品牌，并建立与替代品牌的关系，造成原有品牌关系脱离；最后，消费者放弃购买原品牌产品，最终造成关系断裂。虽然关系断裂演变过程得到普遍认可，但仍缺乏对关系断裂判断标准的研究，而法吉尔和施顿正好弥补了这一缺陷。

国内外学者对消费者—品牌关系断裂的界定还没有达成统一共识。有部分学者以顾客是否停止购买产品来定义关系断裂，例如斯特瓦特（Stewart，1998）将商业领域的关系断裂定义为"一个消费者停止光顾一个特定的供应商的经济现象"；米查尔斯基（Michalski，2004）把关系断裂定义为"由顾客决定终止与现有商业关系的过程"。但也有学者表示这样的判断标准并不客观，认为产品购买和消费行为是消费者—品牌关系的纽带，停止购买产品只是其中的一个显著特征，断裂是一个包含情感和行为的复杂过程[①]，除了购买行为停

---

① Perrin‑Martinenq，Delphine. The Role of Brand Detachment on the Dissolution of the Relationship between the Consumer and the Brand. Journal of Marketing Management，2004，20（9/10）：1001 – 1023.

止外，关系断裂的判定还应包括消费者在品牌情感上的显著变化，如由喜爱转变为厌恶甚至排斥。因此，消费者—品牌关系断裂必须包含行为和情感的双重互动终止[1][2]。

消费者—品牌关系断裂的决定因素多样，并不只是由消费者单方面造成。胡卡特（Hocutt，1998）将关系断裂归纳为三种情形：（1）消费者决定型。主要是指因消费者不满而产生的关系断裂，例如更优质可替代品牌的出现，或者因其他不可抗拒因素造成消费者主动决定关系断裂；（2）卖方决定型。即由于原有产品为企业带来的利润薄弱，或者企业发现有更大利润空间与收益的产品，而导致卖方主动中断与消费者的关系；（3）双方决定型。即买卖双方均因各种原因而对对方产生不满情绪，因而双方都决定放弃这段关系。

二、品牌关系断裂的原因

从 1992 年品牌关系断裂概念被提出，截至目前，此项研究经历了 20 多年的历程，对于一项系统研究而言，品牌关系断裂研究还处于起步阶段，其中，研究品牌关系断裂原因的文献并不多。

法吉尔和施顿（1995）认为有两方面的因素影响消费者—品牌关系：一是消费者因素，二是品牌因素。品牌因素主要包括过程缺失和顾客方机械故障两种情况：过程缺失是指因某些原因，企业停止生产某种产品。顾客方机械故障是指因消费者未能正确使用产品而导致的一系列伤害危机事件。消费者引起的断裂又分为两类：其一是品牌转换，即消费者对原有产品的厌倦或不满，以及对可替代产品产生新进依赖，而暂时抛弃原有品牌而选择替代品牌；其二是品牌关系永久断裂，即由于品牌定位突变、消费者价值变化、产品故障等因素导致消费者终止对该品牌产品的购买行为。除此之外，还有学者认为品牌

---

① 徐小龙，苏勇. 消费者品牌关系断裂研究述评. 现代管理科学，2011（8）.
② Mai，Li－Wei，Conti，Paolo G. Dissolution of a Person-brand Relationship：An Understanding of Brand-detachment. European Advances in Cons-umer Research，2008（8）：421－430.

关系断裂的原因还包括竞争者和企业因素。如米查尔斯基（2004）认为关系断裂过程是由情境因素、反应性因素和影响性因素造成的，情境因素包括消费者生活地的迁移、结婚、死亡等因素，反应性因素就是企业自身犯错引起消费者不满，影响性因素包括竞争者更有吸引力等因素。

综上所述，目前国内外学者对品牌关系断裂的原因研究不多，虽然表述不同，但总的来说大多数学者的看法基本相似，认为关系断裂的原因主要包括品牌、顾客、竞争者三方面。品牌方面主要由品牌变化与品牌犯错引起；顾客原因包括主观原因和客观原因，客观原因是顾客个体无法控制的原因，主观原因是顾客期望得不到满足等原因；竞争者原因主要是市场上出现的替代产品比原品牌表现更好或运用促销手段达到吸引消费者的目的，总体表现出更强的竞争力。

三、品牌关系断裂的影响因素

研究消费者—品牌关系断裂过程的影响因素对管理好品牌关系是非常必要的，这不仅可以指导企业该如何维持一段有价值的关系，而且当关系面临断裂的时候，企业知道如何采取措施使关系再续成为可能①。

希伦和塔希顿（Hialenn & Tahitenn，2002）认为品牌关系断裂的影响因素有三个，分别是诱导因素、紧急事件和衰减因素与事件。张静（2013）认为消费者个体、企业、竞争品牌和社会舆论构成品牌关系断裂的主要因素。分析各研究结果发现，部分国内外学者存在将断裂原因和影响因素相互混淆的现象。如徐小龙（2011）认为压力模型和熵模型及企业、竞争者、顾客关系断裂理论是断裂的原因，而钟岭（2011）则将其归结为影响因素。"原因"是造成某种结果或引

---

① Michalskis. Types of Customer Relationship Ending Proeesses. Journal of Marketing Management，2004，20.

起另一事情发生的条件；"因素"是构成事物的要素，也指对事物起决定作用的原因和条件。因而，品牌关系断裂的影响因素是指对其起决定作用的原因。徐小龙（2011）意识到该问题之后另辟蹊径，发现承诺、信任、品牌个性是影响品牌关系断裂的主要因素。

四、文献述评

经过对品牌关系断裂的理论进行梳理，可以了解到目前有关关系断裂方面的相关研究已取得一些进展，但仍有部分领域存在空白。相关研究成果主要集中于关系断裂概念的界定、关系断裂原因、影响因素等，而对关系断裂过程的研究较少，且缺乏实证研究与本土化研究成果。

（一）缺乏对品牌关系断裂判断标准的研究

现有研究表明品牌关系断裂是一个过程，这也得到学者的普遍认可。但目前的研究并未涉足对品牌关系断裂的判断标准，这一研究空白也导致人们无法对品牌关系断裂进行有效预警并有效防治品牌关系断裂。

（二）缺少实证研究

现有文献以理论研究为主，实证研究较少。仅有少量文献以行业特征为基础建立关系断裂过程模型，但缺乏利用跨行业的通用模型研究成果来解释关系断裂过程的发生原理、断裂标准判断以及关系断裂过程中各阶段转换机制等。

（三）缺乏本土化研究背景

现有研究成果以西方文化背景为基础，而中西方文化差异较大，尤其是人际关系背景。西方更追求平等化的人际关系，而中国更注重人际关系的"特殊性"，这就要求对品牌关系的研究应区分中西方差异，充分考虑文化适应性问题，进行基于中国特色的有益研究，这对指导中国企业或有意在中国发展跨国企业进行品牌管理有着重要意义。

第三节　品牌隔离理论及文献回顾

与人际关系的类比暗示了品牌隔离（brand detachment）在关系断裂中的潜在作用，如同伴侣间的相互隔离就意味着情感关系恶化，品牌隔离始于消费者和品牌关系的恶化，被看作消费者与品牌关系恶化过程中的情感链接。品牌隔离是消费者的一种心理状态，源于消费者与品牌之间情感联系的部分弱化或全部断裂[①]。因此，品牌隔离被看作是消费者与品牌关系结束倾向的风向标[②]。隔离不似排斥、憎恨等对品牌有强烈的消极情绪，企业管理者如能识别品牌隔离发生的信号，在品牌关系最终断裂前即隔离阶段做好品牌关系的再续工作，重获顾客是完全有可能的[③]。此外，品牌隔离比品牌断裂更易于修复，可最大限度地节省浪费在失败修复上的资源。

目前关于品牌隔离的研究还处于起步阶段，国内的研究比较少。借此，本节对国外相关文献进行梳理和回顾，为本书的后续研究提供依据与参考。

一、品牌隔离的提出

"隔离"一词最早出现在精神分析学和心理学中。

在精神分析领域中，霍尔尼（Horney，1937）认为隔离是一种方法，能让精神病人在神精病症中减少内心的恐惧。它一般发生在人与

---

① Pierrin - Martineq. The Role of Brand Detachmet on the Dissolution of the Relationship between the Consumer and the Brand, Journal of Marketing Manangement, pp. 1001 - 1023.

② 徐小龙，苏勇. 消费者—品牌关系断裂研究述评 [J]. 现代管理科学，2011 (8).

③ Michalski, Silke. Types of Customer Relationship Ending Processes. Journal of Marketing Management, 2004, 20 (9/10)：977 - 999.

人之间关系断裂之前。隔离的人会试图减少生活中任何一种情感的存在，因而有"情感缺失"的特征，对任何情感均抱着"我一点也不在乎"的态度。从某种意义来说隔离人的真正目的在于拒绝承诺，他们不想陷入与情感有关的任何事情。

在心理学领域，大多数的隔离概念经常与分手和离婚连在一起。虽然许多文献认为隔离是人与人之间关系恶化的必经经历，但是很少有学者解释这一概念。然而，莱文森和考特曼（Levenson & Gottman，1985）在关于分手和离婚的研究中提到了隔离，并列举了一些在不满意关系中男人对女人产生情感隔离的例子，隔离的男人对女人不仅产生很少的积极情感同样也产生很少的消极情感（基本上是缺乏情感）。古德（Goode，1956）和韦斯（Weiss，1975）认为隔离过程一直延续到最终的分离之前，在分离之前伴侣们在情感及行为上都过分离的生活。心理学关于依恋理论的研究中，鲍比（Bowlby，1969）也提到了隔离，他指出一个孩子从母亲离开到母亲回来这段时间会产生隔离现象。相对于分离后的抗议和绝望过程来说，孩子离开母亲后而产生的隔离状态一般被看作是想重获母爱的一种迹象①。事实上，在隔离过程中小孩对他周围的事物产生更大的兴趣，他不再拒绝看护人员而是接受她们的关爱，接受她们带来的食物和玩具，此外，这个孩子变得更友善更爱笑。当他母亲回来时，小孩不再把她作为爱的对象，他对母亲保持着距离和冷漠，好像对母亲失去了兴趣。

精神分析学和心理学中对隔离概念的研究为市场营销学中建立品牌隔离的概念做出了一定的贡献。在营销领域最早提及"品牌隔离"概念的是科恩（Cohen，1967）和海尔布伦（Heilbrunn，2001）。科恩把隔离看作是一种人格特质，他认为隔离类似于冷淡。海尔布伦区分了部分隔离和完全隔离，部分隔离是消费者与品牌情感联系的恶化

---

① Churchill G. A. A Paradigm for Developing Better Measure of Marketing Constructs. Journal of Marketing Research, Vol. XVI, February, pp. 64 – 73.

并引起品牌消费频率的减少，是由于个人不再与品牌的目标相一致或是对品牌感到失望所导致的。完全隔离意味着消费者在情感上与品牌的联系完全断裂，对品牌的积极情感接近于零。马蒂南（Perrin - Martinenq，2004）在科恩和海尔布伦研究的基础上对品牌隔离进行重新定义，他认为品牌隔离是消费者的一种心理状态，源于二者情感联系削弱和消失。隔离发生后，二者的情感联系将非常微弱或不复存在，消费者对品牌不再感兴趣，对穿、用和购买这个品牌不再有热情，不会因为无法获得某品牌而沮丧，这些都暗示消费者对品牌的肯定情感联系越来越少。

从上述文献中可看出学术界有关品牌隔离概念的研究较少，目前只有科恩、海尔布伦和马蒂南对此概念进行过界定，但他们三人对该概念的理解并不完全一致。科恩认为隔离与冷淡很相似，但马蒂南却认为不能将隔离与冷淡混为一谈，一方面冷淡指的是某物或某人从来没有影响我们；另一方面只有在隔离的极端条件下，冷淡才与隔离相符。此外，马蒂南还强调应将隔离概念与态度、排斥、拒绝等概念区分开来。

品牌隔离也不同于排斥、拒绝等，排斥和拒绝意味着对品牌有着强烈的消极情绪。憎恨或排斥某人某物意味着对那些人和物有着强烈的消极情感。品牌隔离会导致部分或全部积极情感的丢失，但这并不意味着一定会产生消极情感，不再喜欢一个品牌并不意味着要恨它。

二、消费者—品牌关系隔离的影响因素

马蒂南（2002）把品牌隔离的影响因素归为三类：（1）品牌内在因素。风格的变化、目标的改变及品牌缺少应有的变化等足以激活品牌隔离过程；产品价格的增长对品牌隔离也有相似的影响，尤其是当价格的变动与消费者的需求不存在同步关系时，更容易触发隔离过程；消费者感知产品质量下降及产品自身质量问题也会引起隔离过程。（2）消费者自身的变化。隔离过程不仅与产品有关，也同样和

个人因素有关，消费者需求、偏好、价值观、收入等变化都会引起隔离，消费者会选择与自我形象相符的品牌形象。（3）流行因素。流行会影响许多人的消费，人们为了避免"不入潮流"于是紧跟着潮流，流行现象同样也会激发隔离过程。

麦和康蒂（Mai & Conti，2008）基于前人的研究，把感知质量下降、冷淡和排斥作为引起品牌隔离的主要因素，并以品牌隔离为因变量，分别以感知质量下降、冷淡、排斥为自变量进行了回归分析，结果显示感知质量下降并不会显著影响品牌隔离，冷淡是消费者离开品牌的指示器，对品牌隔离有比较显著的效应，排斥因素对品牌隔离的影响也比较明显。

从上述文献可知，引起品牌隔离的因素比较多，大多数学者的研究都大同小异，比较一致地认为品牌隔离的触动因素主要包括品牌内在因素、消费者自身因素、流行趋势、竞争对手的情况等。

三、品牌隔离对品牌关系的影响

品牌隔离对品牌忠诚的影响主要体现在以下三个方面：首先，品牌隔离造成品牌认同感的下降[1]。认同感即个人对品牌的固定选择[2]，个人与品牌的心理亲近反映为个人对品牌的固定选择，而个人与品牌的关系松散则会造成品牌隔离。消费者对已产生隔离的品牌关注度下降、偏好开始转移并增加对替代品的寻找，这些都是品牌认同感降低的表现。其次，品牌隔离会引起品牌考虑集的变化[3]。考虑集是由消费者可以接受并可能购买的品牌组成，隔离对考虑集的影响有两种情

---

[1] Author. "Brand detachment: conceptualization, antecedents and proposition of a measurement scale". Nordic Workshop on Relationship dissolution 20 – 22 September, Visby, Sweden, 2002.

[2] Gurviez, P. "La confiance du consommateur dans la marque: conceptualisation, mesure et management". Actes du XIVème Congrès de l'Association Française du Marketing, Bordeaux, 1998: 73 – 76.

[3] Lacoeuilhe, J. "Le concept d'attachement: contribution à l'étude du rôle des facteurs affectifs dans la formation de la fidélité à la marque". Thèse de doctorat en Sciences de Gestion, Université Paris XII Val de Marne, Créteil, 2000.

况，一种情况消费者不再考虑被隔离的品牌，被隔离的品牌退出了考虑集而新的替代品牌被纳入考虑集，在这种情况下，考虑集的内容和大小都发生了变化。另一种情况，隔离品牌被考虑的频率减少了，这意味着该品牌已经丧失了优先地位，在这种情况下考虑集的内容和量都发生了变化；最后，品牌隔离导致重复购买行为的减少[①]。隔离的品牌在购买过程中不占优先地位，竞争品牌购买量逐渐增加，这些都对品牌的反复购买行为产生不利的影响。

马蒂南（2004）运用定量方法分析了品牌隔离影响品牌忠诚的机制，发现品牌隔离对品牌考虑集有负面影响、品牌隔离对重复购买行为也有较明显负面影响，而品牌隔离对品牌认同感的负向影响没有通过检验。

陈海亮（2012）研究表明品牌情感对品牌忠诚有较为显著的正向效应。张雯等（2015）认为，影响新兴消费群体品牌情感的主要因素有个人偏好、思想以及个性等，充分利用互联网较全面的评价体系，将有益于消费者品牌忠诚度的增加。

从以上研究可以看出品牌隔离对品牌考虑、重复购买行为、品牌忠诚都有显著的负向影响。

四、品牌隔离量表的相关研究

现有文献中关于隔离量表的研究文献很少，马蒂南（2002）通过文献搜索、专家精炼、问卷调查等方式收集题项，并使用 SPSS 软件对收集的数据进行信度、效度分析及因子分析，最后产生包含 3 条情感题项和 2 条认知题项的品牌隔离量表。麦（2008）在研究品牌隔离与消费者感知质量下降、冷淡关系等影响中，也采用该量表。其余文献中尚未发现有隔离量表的相关研究。

---

① Perrin – Martinenq，Delphine. The Role of Br&Detachment on the Dissolution of the Relationship between the Consumer &the Brand. Journal of Marketing Management，2010，20.

五、研究文献述评

现有文献就品牌隔离而言，无论国外还是国内的相关研究都比较缺乏，尚有较大的研究空间。以上的研究文献就品牌隔离的内涵与影响因素、品牌隔离与品牌关系之间的联系，以及品牌隔离度量等问题进行了有益的理论探索，但其研究内容和研究深度仍然有很大的潜力可挖掘。

第一，国内外文献对品牌隔离的内涵进行较为合理的诠释、对品牌隔离的影响因素进行较为全面的研究，但这些影响因素是如何对消费者的认知、情感产生作用最后激发品牌与消费者间的隔离，即品牌隔离的形成机理是怎样的？目前尚未发现相关研究。

第二，有少量文献探讨了品牌隔离与品牌断裂之间的关系、品牌隔离对品牌关系的影响。但是，在研究二者关系时，大多学者只是从定性角度把品牌隔离与品牌断裂的四个阶段进行对应，没有深入研究二者之间的内在联系与区别；学者们在探讨品牌隔离对品牌关系的影响时也是从单维度的角度进行探讨，忽略了品牌关系是个多维概念。因此，现有文献在研究品牌隔离对品牌关系的影响时缺乏系统思考。

第三，有关品牌隔离度量的文献非常少。虽然国外有学者开发出品牌隔离量表，但该量表测量条目较少，无法全面测量企业品牌与消费者间的隔离关系；而且中西文化存在较大的差距，对消费者认知和情感的理解不完全相同。因此我们认为有必要重新开发一套内容较为翔实且专门针对中国消费者的品牌隔离测量量表，以度量消费者与品牌间的隔离关系。

第四节　其他相关理论

一、自我概念一致性理论

（一）自我概念的定义及结构

1890 年，在著作《心理学原理》（*The Principles of Psychology*）中，美国的心理学之父威廉·詹姆士（William James）将"自我"概念进行了初次界定，认为"自我"包括主体和客体自我双重内涵。主体自我：是个体在进行认知、思考和感受之后形成的；客体自我：即个人经验，是个体在被认知、认同和函授之后形成的[①]。罗格斯（Rogers）在 1951 年提出了自我概念的理论。他认为，自我概念指的是个人的自我认识，主要包括如下内容：（1）对个人性格、资金、个人能力，及与其他人或物的关系等方面的看法；（2）在追求理想和实现目标过程中获得的经验；（3）对个人的评价。他主张，自我概念只是个人对于自己身份和外貌的主观感受，而且自我概念可划分为理想自我和现实自我。伍尔夫和马库斯（Wurf & Markus，1987）认为，自我概念主要包含一些与个人相关的特点，比如个人在社会中所扮演的角色、个人对于自己过去和现在的知觉、个人情感、性格、行为和态度等。对个人来说，自我概念能对其行为与个性产生重要影响，一方面它能够控制个人对于他人和环境的知觉；另一方面它决定个人对周围环境产生怎样的反应。除此之外，许多心理学家研究了自我概念并对其进行定义。本节将各家观点整理如表 2 - 2 所示。

---

① James W, The principles of psychology. New York：Henry Holt，1890.

表 2 - 2   自我概念的定义

研究者及年份	观点
Jersild（1957）	自我结合了个人的感觉和思想，形成一个组合，是个人对自己的了解，看清楚自己是什么样的人的概念
Grubb & Grathwohl（1967）	在个人追求提升自我过程中存在的与周围人的作用
LaBnne & Greene（1969）	是个人外表、情绪、技能以及是否受社会接受等方面的自我认识、个人情感和态度
Rosenberg（1989）	是个人情感和思想的集合，它包括个人对自身各方面的认识和看法
Schouten（1991）	涵盖个人对个人品行、社会关系、身份地位、个人想象和用于自我理解和创造的一些具有象征性的符号
Hawkins et al.（1998）	个人的自我感受与想法或对自我的态度

在消费者行为学领域中，自我概念又被称为自我形象，而且被认为是一套复杂的系统结构，是由于环境与消费者的心理行为信息，如个人性格、世界观、个人气度和在社会中扮演的角色等，二者产生互动时形成的。它涵盖了个人的自我认识、态度和感知，以及对自我总体评价等方面的内容。即消费者自我概念是消费者对自我的总体认知和感觉。

学术圈在对自我概念进行研究时产生了很多流派，主要包括行为学派、精神分析学派、人本心理学和社会心理学等。大多研究都基本认同自我概念是个多维概念。

詹姆斯在《心理学原理》一书中将自我分为纯粹自我、经验自我两个维度，他对自我概念维度的划分被学术界认为较为模糊、结构较为单一。罗格斯（1959）在詹姆斯研究的基础上进行了更为深入的思考。他将消费者自我概念分为实际自我和理想自我两个维度，并对此做了大量的临床研究。罗森伯格（Rosenberg，1979）认为自我是由实际自我、公开自我和理想自我构成。在前人研究的基础上，西尔吉（Sirgy，1982）主张自我可分为实际自我、社会自我、理想自我和理想社会自我，并且对四个维度的自我进行了比较系统的解释。西尔吉划分自我概念的方式受到了国内外学者的普遍认可。约翰和迈克尔（John & Michael，2001）对于自我概念的研究是以西尔吉的四维度结构为基础，将自我概念的维度扩展为期望自我、联结自我、情境自我、可能自我与扩展自我。

国内学者对于消费者自我概念的研究起步较晚，一些研究在沿用国外研究成果的基础上也提出了一些自己的见解。符国群（2001）立足于中国文化情境，并在西尔吉研究成果基础上增加了期待自我，将消费者自我概念划分为五个维度，分别为理想的自我、现实的自我、社会的自我、期待的自我和理想社会的自我；此外，有的学者针对不同的细分群体划分了自我概念。例如曾智（2005）对大学生自我概念进行研究，并将此划分为情感自我、表现自我、发展自我和心灵自我四个维度；梁海红（2006）认为男性自我概念与女性自我概念存在不同，并运用实证分析法将男性自我概念分为 6 个维度，它们分别是私人自我、物质自我、精神自我、现实自我、理想自我以及社会自我。

综上所述，学者们基本都赞同消费者自我概念包含多个维度，但学者们的观点存在很大差异，尤其是针对不同消费群体的划分维度差异更大。现多数学者的研究都是围绕现实、社会、理想和理想社会自我四个维度，或者现实、社会和理想自我三个维度展开的。

（二）品牌形象

早期学术界在研究品牌形象概念时形成了多个流派，其中有四个流派的观点受到学者的关注：第一个流派从总体的角度提出概念，例如，迪彻（Dichter，1985）提出品牌形象指的是消费者对品牌的代表性产品的总体感受；第二个流派从品牌的象征意义的角度提出概念，他们认为产品不同，所象征的意义有所不同，消费者通过产品的象征意义对品牌进行区别。如诺思（Noth，1988）提出品牌形象实质上是产品所传递的符号；第三个流派从个性学说角度解释概念，他们认为品牌形象与人的个性一样具有个性特点；第四个流派从认知心理学角度解释概念，主张形成品牌形象的过程中需要消费者的心理活动和认知参与，比如布默（Bullmore，1984）提出，品牌形象由消费者对品牌的感受和认知构成。20世纪90年代后，各个流派对品牌形象的概念逐渐趋于一致。例如，阿克尔和比尔（Aaker & Biel，1993）指出消费者大脑中形成的和某个品牌相关的想象和属性集合构成了品牌形象。总之，品牌形象是消费者根据有关品牌的联想对品牌形成的总体感觉，这种联想是由于外部环境的刺激或是对品牌的想象，是消费者对产品的一种信念。

品牌形象一般被认为包括情感、认知和定位三个因素，是三者综合作用的结果。情感因素指的是那些能够促使消费者产生某种情感或情绪体验的因素，如风格、风度等。它们能在消费者的认知中起转化作用，使认知对象靠近或疏远事物；认知因素指的是消费者通过自身的感官能感知的因素，如商标、名称造型、包装、色彩和建筑物等。它们能让消费者首先产生一个大致印象，从而产生好感或是厌恶；定位因素指的是那些能给消费者带来比较特殊的价值感，从而在消费者的心中产生独立地位和概念的因素，比如产品功能、产品利益、阶层象征、娱乐、逆向思维等因素能够为消费者带来价值感。它们通过对受众的心理产生影响，让人获得特别的体验。目前能通过如下两种方法对品牌形象进行测量：一种方法是基于品牌形象的具体属性。例如：布鲁克斯等（Brucks et al.，2000）提出，普通的耐用品的品牌形象包含性能、便捷性、功能性、耐久性、声誉和服务态度6个维度；阿塔南等（Atamnan et al.，2003）开发出了一个包含3个维度、16个因素的品牌形象测量表；阿克尔（1997）在前人研究的基础上，提出了结实、淳朴、适当、激励和修养5个维度的品牌个性量表。另一种方法是基于抽象视角的品牌形象测量方法，如阿克尔等（1995）认为抽象品牌形象的测量主要有价值、个性和组织这 3 个维度；维达尔等（Vidal et al.，2005）在实证分析中只采用联想数量、偏好及独特性 3 个维度代表品牌形象，效果非常好。

综上所述，学者们普遍赞同品牌形象是消费者对品牌的总体感知，对品牌形象的测量方法大多使用基于品牌形象的具体属性、抽象视角测量法。品牌是具有个性的，品牌个性就是品牌形象中的意义成分，具有独特性①。西尔克（1985）提出由于品牌形象的核心成分是品牌个性，所以在研究与自我的关系时可将品牌形象与品牌个性的概念互换使用。

（三）自我概念一致性理论

消费者的自我概念是抽象的，借助有形实物和消费行为，消费者通常能够真实地表达自我，实现自我验证和提升，赢得社会各界的认同。品牌则是有形的、有利于对自我概念进行界定的象征。当消费者感知到品牌的象征意义，在购买产品时会更加看重产品的符号性和情感性价值是否满足其诉求。最早研究产品与自我形象的一致性的是加德纳（Burleigh B. Gardner，1955）。他提出，当产品形象与自我概念保持一致时将引起较高的品牌偏好。随后，西尔吉（1982）提出"自我—品牌形象"一致性理论，认为品牌的拟人化象征色彩往往能吸引到与其相同的自我形象。在此基础上，西尔吉（1985）提出消费者自我概念一致性，指的是消费者的自我概念与产品形象的匹配程度。消费者自我概念一致性理论认为产品或品牌形象与消费者自我概念二者间存在正向强化作用，当消费者的自我概念与和产品或品牌形象保持一致时，消费者会产生较高的需求满足度，对该产品或品牌会

---

① Escalas. Jennifer Edson, and James R Bettman Selfconstrual, Reference Groups, and Brand Meaning [J]. Journal of Consumer Research, 2005, 32 (3): 378－389.

有较高的积极性。换句话说，消费者自我一致性的需求使消费者更加偏好那些吻合自我概念的产品或品牌。消费者自我概念一致性理论为研究消费者自我概念理论奠定了较深厚的基础。大量研究得出如下结论：消费者更加偏好那些品牌形象符合消费者自我概念的产品。消费者在现实生活中会因自我的多重维度而扮演多重身份和角色，所处的境遇不同，指导消费者行为的自我概念有所差异。格鲁伯（Grubb，1997）指出，根据客户经常处于或内心渴望的自我状态为其量身定制品牌个性，从而吸引和鼓励他们购买与其自我概念相一致的产品或品牌，提升消费者自我情感①。

一般来说，自我一致性能够对消费者的品牌偏好、认知、情感、忠诚度、购买意向和顾客满意度等产生比较显著的影响。西尔吉等（1982）认为，产品形象和社会自我概念的一致性会影响消费者品牌情感，通常消费者会在心里对自我概念与产品形象进行比较，如果形象符合自我概念，消费者使用产品时能感受到较高程度的自我一致性，对产品的态度会更积极，同产品也较容易形成更密切的联系。埃里克森等（Ericksen et al.，1996）的研究表明，自我一致性会对消费者的购买意愿和产品偏好产生影响，对品牌或产品产生积极的行为和态度。阿克尔（1999）基于自我一致性理论进行定量研究得出，消费者的自我一致性显著影响消费者对品牌的评价，那些符合消费者自我概念的产品或品牌显然更容易受到消费者的好评。考弗斯和马格（Govers & Mugge）发现，当产品形象和消费者的个性相符合时，也就是说产品与个性一致性较高，消费者更加依恋该产品②。贾马尔和古德（Jamal & Goode，2001）通过实证研究发现，消费者满意度与自我一致性二者间存在显著正向效应。西尔吉（2006）认为自我一

---

① Grubbel. Consumer Self-concept, Symbolism and Market Behavior: A Theoretical Approach [J]. Journal of Marketing, 1997, 31 (4): 22 - 27.

② Mugge R, Govers P C M. "I love my jeep, because it's tough like me": The effect of product-personality congruence on product attachment. the Fourth International Conference on Design and Emotion, Ankara, Turkey, 2004.

致性对品牌忠诚的影响分为直接影响和间接影响两种①。

随着研究的更新和扩展，广义的消费者自我概念一致性指的是自我概念与品牌或产品的形象和个性的匹配程度。在现有研究消费者行为学的文献中，"自我概念一致性""自我一致性""自我形象一致性"等术语含义相同，能够相互置换使用。

二、顾客感知价值理论

（一）顾客感知价值的内涵

国内外许多学者对顾客感知价值进行了定义，有代表性的观点主要有以下几个：

泽萨姆（Zeithaml，1988）是最早对顾客感知价值进行定义的学者，他认为顾客感知价值是一种总体评价，这个总体评价是顾客感知到的利益与获取服务或产品时所付出的成本的差值。顾客感知价值是由顾客决定的（而非企业），因此企业应当以顾客对价值的感知作为在设计产品、提供价值时的导向。并且针对同一产品或服务，每个人感知到的价值是不同的，也就是说，不同的消费者对从同一服务或产品中所感受到的价值可能有所差异；消费者的感知价值并非只取决于某一因素，而是由成本与效用两个因素共同决定，顾客会根据自己感受到的价值做出购买决策。

拉瓦尔德（Ravald，1996）和格罗路斯（Gronroos，1996）提出的概念与其他学者不太相同，大多数学者所认为的顾客感知价值只关注企业与顾客的交易这一片段，但是拉瓦尔德和格罗路斯认为顾客感知价值概念应该包含全情景价值，即顾客在感知价值时，除聚焦于企业的服务和产品之外，也会重点关注自己维持与企业的联系时可能产

---

① Sergy J M，Kressmann F，Herrmann A，Huber F，Huber S，Lee D. Direct and indirect effects of self-image congruence on brand loyalty ［J］. Journal of Business Research，2006，59（9）：955 – 964.

生的价值，即关系价值。由于关系的产生和维系无法短期内完成，顾客感知价值出现在较长时间内，即存在全情境价值。

顾客让渡价值理论是由科特勒（2003）提出的，他提出顾客让渡价值是顾客总成本与总价值之间的差额。顾客总成本指的是顾客在购买服务或产品所耗费的体力、精力、时间和金钱等，是体力成本、精神成本、时间成本和货币成本的总和。顾客总价值指的是顾客从服务或产品中获得的收益和价值，主要包括：服务、人员、产品和形象价值。

国内也有少数学者对顾客感知价值进行了定义，例如，董大海（1999）提出，顾客感知价值是指顾客使用或购买产品时花费的成本和取得的效用的对比；范秀成等（2003）则认为，顾客感知价值是指顾客对服务或产品的价值的主观感受和认识，具有层次性、多维性、主观性、权变性和比较性的特点。

综上所述，顾客感知价值是消费者对服务或产品的评价和态度，是一个反映顾客主观感知的概念。尽管现有文献对顾客感知价值进行定义的视角有所区别，但大多数研究赞同这样的观点：顾客感知价值是消费者感知的利益与成本的权衡。

（二）顾客感知价值的构成

学者们普遍一致地认为顾客感知价值是一个多维概念，但不同的学者研究的视角不同得出结论存在较大的差异，代表性的观点主要有以下几种（见表 2 - 3）。

表 2 - 3　　　　　　　　顾客感知价值构成要素

研究者及年份	顾客感知价值构成要素
Babin（1994）、Chandon（2000）	功利主义利益、享乐主义利益

续表

研究者及年份	顾客感知价值构成要素
Sheth 等（1991）	功能、社会、情境、认识和情感价值
Sweeney（2001）	社会价值、情感价值、功能价值（包括质量和功能价值）、价格
Roger（1997）	经济利益、感知利益、情感利益
Holbrook（1999）	功能价值、情感价值、社会价值
Churchill & Peter（1998）	四种利益：个人、功能、社会、体验四种成本：时间、金钱、心理、行为
蔡翔和陶学禹（2003）	产品质量、服务质量、价格
钟小娜（2005）	感知利得、感知利失、感知风险、消费者自身特征
许统邦等（2006）	感知利得、感知利失、感知风险、消费者自身特征、购买情境因素
孙强和司有和（2007）	信任感知价值、满意度感知价值

巴宾等（Babin et al.，1994）提出顾客感知价值主要包括享乐主义和功利主义两种利益。享乐主义利益是由于有趣或者好玩形成的一个主观存在，反映的是顾客可能感知潜在的情感或娱乐等方面的价值。功利主义利益则是由于消费者需求刺激导致购买行为的产生，即商品在消费者比较谨慎的状态下进行的比较有效率的购买。钱登等（Chandon et al.，2000）的观点与巴宾等（1994）类似，但他提出享乐主义利益存在的原因在于它为消费者提供娱乐、内在刺激和自我尊重等。而功利主义利益存在的主要目的在于追求利益的最大化、节约时间和金钱成本，以及提高效率。

谢思等（Sheth et al.，1991）在进行相关研究时认为顾客感知价值是由认识、功能、社会、情境和情感价值构成的。斯威尼（Sweeney，2001）以谢思等人的研究成果为基础，将功能价值分解，构建了PERVAL模型，验证前人研究顾客感知价值所使用的 4 个维度：认识、社会、情感和功能价值（包括价格和质量）。罗格（Roger，

1997）提出，顾客感知价值包括情感、经济及感知利益价值。情感利益是指无形的、难以金钱量化的利益，比如商家的声誉。经济利益指的是能够用金钱量化的价值或利益，如低价格、拥有、获取、使用、处理和维修成本；感知利益包括服务、品牌和产品利益。此外，霍布鲁克（Holbrook，1999）将顾客感知价值划分为社会、情感和功能价值。不难发现，同情感与功能价值两个维度类似，社会价值已经慢慢成为顾客感知价值的一个比较重要的维度。

丘吉尔和彼得（Churchill & Peter，1998）提出，顾客在衡量价值时可能根据当时所处的环境和心情的不同而有所差异。然而，顾客在使用或购买服务或产品时，能感受到四种成本和四种利益的存在，即时间、金钱、行为和心理成本；个人、社会、体验和功能利益。

国内也有部分学者对顾客感知价值的维度进行了研究，比如，蔡翔和陶学禹（2003）提出，顾客感知价值可划分为三个维度：价格、质量和服务质量，顾客对所有产品的价值感知均源于这几个维度，只是按照不同比例进行排列组合；钟小娜（2005）认为在网络购物时代，顾客感知价值的维度主要分为：顾客的自身特征、感知利得、感知利失和感知风险；许统邦等（2006）在钟小娜研究的基础上，增加了购买情境因素，构建了顾客感知价值模型；孙强和司有和（2007）构建网上购物环境中的顾客感知价值构成理论模型，将顾客感知价值的维度划分为满意和信任两个维度。

综上所述，尽管现有研究对顾客感知价值的构成尚未达成高度统一的见解，但大多数学者都认同顾客感知价值的维度包括功能、社会和情感三个维度。但由于所购买的服务和产品的不同以及消费者所处的情境和主观认识的改变，构成顾客感知价值的维度具有动态性。

三、感知风险理论

（一）感知风险的概念

"感知风险"一词最早起源于心理学领域，1960年哈佛大学的雷蒙德·鲍尔（Raymond Bauer）首次将该词引入消费者行为学领域。消费者全部的行为均会产生本人难以预料的结果，并且有的结果可能并不会那么令人满意。因此，从每种意义上看，消费者行为往往与风险相关联[①]。他认为消费者的购买行为不确定是否是正确的，而这些不确定性可能会给消费者带来一些不愉快的购物经历和损失。由于行为预期的不确定性让消费者承担的损失就是消费者面临的购买风险。鲍尔主要根据对某项消费行为产生的不利后果概率的主观判定和对某一特定的行为所带来不利后果严重程度的主观判断两个方面来对感知风险进行量化。

在鲍尔的基础上又有许多学者对感知风险的定义进行了修正和补充，例如，考克斯（Cox，1967）在鲍尔的基础上，将感知风险的定义进一步完善，他认为感知风险是由两个因素决定的，第一个因素为购买前消费者感知到其结果为不利的可能性；第二个因素为当购买结果属不利时，消费者主观感知损失的大小。斯通和格朗豪格（Stone & Gronhaug，1993）提出，感知风险是指消费者对于可能产生的损失进行主观预判，越肯定可能发生的损失，消费者的感知风险越高。米切尔（Mitchell，1999）的研究发现，感知风险是在进行决策时，消费者感觉服务或产品的质量和功能可能与预期不符的概率。而高海霞（2009）的观点则是，感知风险指的是在选择购买产品或服务时对可能遭遇的、那些客观存在的风险的感知，是对购买结果的感觉，它起

---

① Bauer R A. Consumer Behavior as Risk Taking [J]. Dynamic Marketing for a Changing World，1960：398.

源于消费者无法对即将发生的事无法进行预测。此外，还有学者将感知风险的定义扩展到具体的研究范畴，例如，里姆（Lim，2003）研究了网上购物时的感知风险，认为感知风险是消费者相信自己在网上购买服务或产品时可能受到损失的程度。

综上所述，尽管大量的国内外文献都对感知风险的概念进行了阐述，但学者们的观点大同小异，普遍都认为感知风险是由消费者对其购买行为可能产生并不令人满意结果概率的主观判定和对该结果可能带来损失的主观判断两个因素决定的。

（二）感知风险的构成

鲍尔率先将感知风险的定义引入消费者行为领域，但他并未对其构成进行研究。随着感知风险这一概念在消费者行为领域的扩散和关注，越来越多的学者从不同的视角对其构成进行研究。

雅各比和凯普兰（Jacoby & Kaplan，1972）把感知风险分为心理风险、财务风险、功能风险、身体风险及社会风险这五类，并且他们认为这五种风险基本能解释50%以上的感知风险；斯通和格朗豪格（1993）指出感知价值包括财务、功能、身体、心理、社会以及时间这六个维度，并且近90%的感知风险能通过这六个维度进行解释。也有许多学者研究了网上购物的感知风险维度。一些文献考察了消费者对网上服务接受情况，发现消费者网上购物的感知风险的维度主要包括如下内容：时间、经济、社会、功能、隐私和心理六个风险维度（Featherman & Pavlou，2003）。其中，经济、功能和隐私风险这三个风险维度能显著影响消费者的整体感知风险；其余风险维度则对网上购物的接受程度的效应较小或不太明显。董大海等（2005）研究认为网络购物伴随风险、网络零售商核心服务风险、假货风险和个人隐私风险是网上购物感知风险的四个维度；高锡荣和胡肠（2011）进行定量分析发现，心理、绩效、社会、时间和经济风险是网上购物感知风险的最重要的五个维度。除此之外，也有不少学者研究了消费者购买不同产品的感知风险维度，例如，麦克卡西和汉森（McCarthy & Henson，2004）考察了消费者选购牛肉的行为，发现消费者往往会综合考虑食品安全、健康、个人财务状况和商品的功能等因素；易益（2005）在对零售商品牌购买和感知风险关系的研究中构建了财务、生理、功能和社会风险这四个感知风险维度；雷鸣和李文彪（2007）定量分析了消费者的购房行为得出感知风险包括四个维度，即投资风险、购房伴随风险、社会心理风险和产品风险；高海霞（2009）定量分析了消费者选购手机行为的感知风险，得出感知风险包含产品、误购、身体安全和社会心理风险四个维度的结论。

综上所述，不同学者从不同的角度对感知风险的构成进行了研究，其研究结果也存在较大的差异。但总的来说，大多数学者对斯通和格朗豪格（1993）提出的财务、功能、身体、心理、社会以及时间这六种风险维度给予认可。

第三章

核心概念解析

近年来，国外学者相继提出"品牌依恋""品牌隔离""品牌断裂"三个新名词，这三个词均描述消费者—品牌之间的关系，并与消费者情感密切相关。但这三个词在形容消费者—品牌之间情感关系时其内涵和侧重点各不相同，目前许多文献对单个概念及其演变进行了较为深入的探讨，但尚未发现有文献对三者之间的关系进行分析。本研究在对国内外相关领域文献进行梳理的基础上试图厘清三者之间的关系，为接下来的研究做铺垫。

第一节　品牌依恋、品牌隔离、品牌断裂概念界定

一、品牌依恋概念界定

"依恋"一词起源于英语"attachment"，有"附件"和"附属物"的意思，它的引申意思是"连接物"。"母婴依恋"是由英国心理学家约翰·鲍比（John Bowlby）提出的，他认为依恋是婴儿和他的母亲或保姆等照顾者之间存在的一种特殊的、长期持久的感情连结。婴儿在与照顾者互动的过程中会形成逃避型、焦虑矛盾型和安全型三种依恋关系[①]，这三种依恋关系对婴儿今后心理的发展将能产生

---

　① Mary C. Blehar, Everters Waters, and Sally Wall. Patterns of Attachment: A Psychological Study of the Strange Situation. Hillsdale, NJ: Erlbaum, 1978.

预测作用。

苏珊·舒尔茨在1989年首次将依恋理论引入营销领域，她认为依恋不是消费者个人或消费对象单独具有的特性，而是两者的交叉或联合①。帕克、马希尼斯和普里斯特（C. Whan Park，Macinnis，Joseph Priester，2005）把品牌依恋定义为：消费者自我与品牌之间的认知和情感连结的强度，是一种心理状态。他认为品牌依恋包含两个因素：（1）品牌—自我联结程度；（2）关于品牌的感情与认知的自动化②。品牌依恋象征着承诺和忠诚，维系着消费者与品牌之间的情感关系，并最终将导致消费者产生重复购买。

二、品牌隔离的界定

"隔离"一词最早运用于精神分析学和心理学领域。精神分析学认为隔离是治疗精神病人内心恐惧的一种方法，它是人与人之间关系断裂的必经之路，可以让被隔离的人少陷入或不陷入跟情感有关的事；心理学中的隔离时常用于离婚和分手事件中，不满意关系的男女双方在最终结束关系前总是要经历关系恶化、感情逐渐变淡或消失这一隔离过程。

在营销领域中，科恩（1967）最早提及"品牌隔离"一词，他认为隔离类似于冷淡，到目前为止对品牌隔离进行过最完整定义的是学者马蒂南（2002）。他认为品牌隔离是消费者与某一品牌情感联系的弱化或消失，导致消费者心理上远离该品牌③。当品牌隔离发生后，消费者对该品牌不再感兴趣，对使用、购买该品牌不再有热情，

---

① Schultz, S E, Kleine, R E, Kernan, J B. These are a Few of My Favorite Things: toward an Explication of Attachment as a Consumer Behavior Construct, Advances in Consumer Research, 1989, 16: 359 – 366.

② Park, C W, Mac Innis, D J, Priester J. Brand Attachment and Management of a Strategic Brand Exemplar, in Schmitt, B H (Ed.), Handbook of brand experience management, Northampton, MA: Elgar Publishing, 2007: 1 – 36.

③ Perrin – Martinenq, Delphine. The Role of Brand Detachment on the Dissolution of the Relationship between the Consumer and the Brand. Journal of Marketing Management, 2004, 20 (9/10): 1001 – 1023.

也不会因为在商店中找不到该品牌而沮丧，消费者很少或根本不再想起该品牌，所有的这些都表明消费者与品牌间的情感联系是微乎其微或已消失。因此，许多学者将品牌隔离看作是消费者—品牌关系结束的风向标、品牌关系恶化的开始。

三、品牌断裂的界定

法吉尔和施顿在 1995 年提出消费者—品牌关系断裂一词，但学者们对品牌断裂的理解并不完全一致。米查尔斯基把关系断裂定义为"由顾客决定终止与现有商业关系的过程"，但胡卡特对此概念进行反驳，他认为关系断裂可以是由顾客决定的，可以是由卖方决定的，也可以是由买卖双方共同决定的。麦和康蒂认为不再购买产品只是关系断裂的一个标志，关系断裂还包括消费者在品牌情感上的变化。到目前为止，多数学者较为认可的定义是：品牌关系断裂是消费者与品牌之间行为和情感的全部终止。

第二节　核心概念辨析

一、品牌依恋与品牌隔离关系辨析

帕克（Park，2006）是最早对品牌依恋强度进行研究的学者，他认为消费者与品牌间的依恋强度可以分为高、中、低三个等级。当消费者与品牌关系联结处于较强状态时，消费者愿意付出大量的自我形象资源（自豪、自尊）和可自由支配的资源（货币、时间、精力），并且伴随着溢价购买、延长购买、公开夸示、参与品牌社区等品牌支持行为[①]。当依恋关系逐渐变弱，消费者与品牌关系联结处于较低水

---

① Park, C W, MacInnis, D J, and Priester, J. Beyond attitudes: Attachment and consumer behavior [J]. Seoul Journal Business, 2006, 12（2）: 3 – 35.

平时，消费者愿意支付的自我形象资源和可自由支配的资源很少，品牌支持行为没有了，但重复购买行为还存在。品牌隔离是消费者与品牌情感联系的部分弱化或全部消失，当消费者与品牌关系处于隔离状态时，消费者与品牌的情感联系将十分微弱或全部消失。因此，有学者提出疑问：品牌隔离是否是品牌依恋的低级阶段或是较弱状态？本研究认为品牌依恋与品牌隔离是两个不同的构面，品牌隔离不属于品牌依恋也不是低依恋状态，主要基于以下几点理由：

（一）两者的核心内涵不同

品牌依恋的核心内涵是"品牌—自我联结的强度"，强调的是消费者与品牌联结纽带的强弱，两者间关系越紧密、关于品牌的认知和情感越凸显，联结将越强，再弱的品牌依恋也是两者联结纽带的体现。帕克（2006）认为品牌依恋不是一种关系类型，并且它也不包括中立、消极的情感关系。根据帕克（2010）的研究结果显示，较弱的品牌依恋不似较强的品牌依恋那样能很好地预测品牌承诺、品牌忠诚等行为，但较弱的品牌依恋对这些行为仍然存在着微弱的正向影响。

品牌隔离的核心内涵是"情感联系微弱或消失"，强调的是消费者对品牌的积极情感非常微弱或完全消失，在隔离阶段，消费者—品牌间的联结纽带已经中断，虽然联结纽带中断了，但消费者对品牌的态度依然存在，只是品牌态度中的积极情感不似品牌依恋中的积极情感那么强烈。品牌隔离包括积极情感、中立情感但不包括消极情感。品牌隔离虽然不包括消极情感，但它确实会降低品牌忠诚，马蒂南（2004）在研究中，通过实证方法证明品牌隔离对品牌承诺和重复购买具有负面影响。

（二）两者的测量方法不同

帕克（2006）从"联结强度"和"品牌认知和感情自动化"两

个层面对品牌依恋进行测量。"联结强度"测量主要使用"情感连接""我的一部分""自我的延伸"等方面的语句,"品牌认知和感情自动化"测量主要使用"自动出现积极的认知和情感"等方面的语句。之后许多学者根据各国文化差异及产品特性不同对品牌依恋测量量表进行修改,但基本围绕"感情""热情""关联""安全港湾"等几个方面,着重测量消费者与品牌的"联结强度"。

马蒂南(2004)从"情感弱化和消失"和"认知弱化和消失"两个层面对品牌隔离进行测量。"情感弱化和消失"测量主要使用"不再被吸引""很少想起"等语句,"认知弱化和消失"测量主要使用"逐渐走出脑海"等方面的语句。

从具体的测量语句可以看出:品牌依恋着重测量消费者与品牌情感联结的强度,而品牌隔离着重测量消费者对品牌情感、认知的弱化和消失。

(三) 双因素理论对二者的解释

双因素理论即"激励—保健"因素理论,是 1959 年美国心理学家赫兹伯格运用"关键事件法"对二百多名会计师和工程师进行调研得出的结论。该理论除了提出"保健因素和激励因素"外,还提出"满意与不满意不是直接对立的,满意的对立面是没有满意而不是不满意。不满意的对立面是没有不满意而不是满意"。

本研究运用双因素理论对品牌依恋和品牌隔离的关系进行解释,根据双因素理论:依恋的对立面是没有依恋而不是不依恋。依恋的核心内涵是消费者与品牌二者间情感联结纽带的强度,强调的是含有关联、热情、感情等丰富的积极情感。隔离强调的是消费者对品牌的积极情感接近于零或等于零。在隔离阶段,消费者与品牌间没有情感联系纽带,也没有关联、热情、感情等强烈的积极情感存在,同时消费者很少或根本想不起被隔离的品牌,也谈不上品牌认知和感情自动化。因此,马蒂南(2004)、姜岩和董大海(2008)等学者"把品牌隔离作为品牌依恋的对立面"。

综上所述，从两者的核心内涵、测量方法及双因素理论对二者的解释可以看出，品牌依恋和品牌隔离是两个不同的构面。

二、品牌隔离与品牌断裂关系辨析

消费者—品牌关系由依恋走向断裂，中间会经历关系恶化这一过程。在依恋过程中，消费者—品牌间将产生"热切的情感"，消费者把品牌视为一种自我延伸、渴望获得该品牌、愿意投入更多的资源以维系依恋关系。一旦依恋中断，消费者就会对品牌产生心理疏远[1]，对品牌的喜爱、亲密感下降到一个较低水平甚至消失，将导致关系的恶化。关系恶化后将最终引起关系断裂，消费者不再购买该品牌的产品，对品牌的情感与行为全部终止。品牌隔离是消费者与品牌情感联系的弱化或消失，并导致消费者心理上远离该品牌。当消费者与品牌产生隔离后，二者间的情感联系或亲近感十分微弱或不再存在。因此，品牌隔离被看作是品牌关系断裂前的心理状态，是消费者意图结束关系的指示器。虽然品牌隔离被视为关系断裂的情感方面，被视为消费者与品牌结束关系的风向标，但二者是两个不同的构面，主要基于以下几点理由：

（一）两者的核心内涵不同

品牌隔离的核心内涵是"情感联系微弱或消失"，在隔离阶段，消费者对品牌的积极情感非常微弱或为零。品牌隔离包含有中立情感、积极情感，但不包括消极情感。虽然有学者证明品牌隔离对品牌承诺、重复购买有不利影响，但在隔离阶段，消费者的重复购买行为"有时"或"偶尔"会发生。品牌断裂的核心内涵是"情感与行为全

---

① Lacoeuilhe J, Samy B. Quelle（s）mesure（s）pourl'attachment delamarque. Revue Francaise du Marketing, 2007, 213（7）: 7 – 25.

部终止"，这就意味着消费者与品牌关系产生断裂后，消费者对品牌的积极情感全部消失，并且购买行为同样停止。关系断裂后，消费者对品牌的情感由原来的喜爱、满意，转变为厌恶、抱怨、排斥等，关系断裂包含消极情感但不包含积极情感、中立情感。品牌关系断裂对品牌承诺、重复购买、顾客忠诚有显著的负向影响，并且消费者基本不会考虑再购买该品牌的产品。

（二）两者的测量方法不同

目前，国内外学者只有马蒂南开发了品牌隔离量表，他从"情感弱化或消失"和"认知弱化和消失"两个层面对品牌隔离进行测量（具体的测量语句见本章第二节）。

国内学者钟岭（2011）从"情感断裂"和"行为断裂"两个层面对品牌断裂进行测量。"情感断裂"的测量使用"我不喜欢这个品牌""我会告诉别人这个品牌的效果不好""我不希望这个品牌市场占有率高""我不希望这个品牌名声响"等语句；"行为断裂"的测量使用"我不希望这个品牌推出更多的新产品""我不会继续使用这个品牌""我不会继续购买这个品牌"等语句。

从具体的测量语句可以看出：品牌隔离着重测量消费者对品牌情感、认知的弱化和消失，品牌断裂量表除了测量情感断裂外还测量行为断裂。

综上所述，品牌隔离与品牌断裂的最大区别是是否存在消极情感、是否还有重复购买行为。品牌隔离后消费者对品牌的重复购买行为虽然不多，但偶尔还会发生，并且消费者对品牌没有消极情感。品牌断裂后消费者对品牌产生了消极情感，并且几乎很少有重复购买行为发生。

第三节 品牌依恋、品牌隔离、品牌断裂三者关系实证研究

前面用定性方法分析了品牌依恋、品牌隔离、品牌断裂三者的区别，接下来本研究将运用定量方法对三者关系展开进一步探讨。

品牌依恋对重复购买、品牌忠诚等行为有显著正向影响，即使是低依恋状态对重复购买等购买意愿也有正向影响（Park，2010），如果品牌隔离与低依恋相似，那么品牌隔离对重复购买、品牌忠诚等行为也会产生相同的影响；同样，品牌断裂对品牌考虑、重复购买有显著的负向影响（钟岭，2011；张静，2013），如果品牌隔离与品牌断裂相似，那么品牌隔离对品牌考虑、重复购买将产生相同程度的负向影响。本研究以某一品牌为线索，探索消费者在品牌依恋、品牌隔离、品牌断裂三种状态下对品牌考虑、重复购买、品牌忠诚等行为的影响，以此来判别三者的关系。为达到这一目的，本研究在2016年1月开展了一次问卷调查，问卷分为三个部分：第一部分以某一品牌为背景，调查消费者在品牌隔离、品牌依恋两种不同状态下的品牌考虑行为、重复购买行为和品牌忠诚行为；第二部分以某一品牌为背景，调查消费者在品牌依恋、品牌隔离、品牌断裂三种不同状态下的品牌考虑行为、重复购买行为、品牌忠诚行为；第三部分是被访者个人信息。本次调研共发放282份问卷，其中消费者对同一品牌既经历品牌依恋，也经历品牌隔离两种状态的问卷共148份，消费者对同一品牌既经历品牌依恋，也经历了品牌隔离，还经历了品牌断裂的问卷共87份。品牌依恋、品牌隔离、品牌断裂、品牌忠诚的测量分别采用学者们开发得较为成熟的量表，其中品牌依恋量表采用石梦菊（2015）开发的量表，品牌隔离量表采用马蒂南（2004）开发的量

表，品牌断裂量表采用钟岭（2011）开发的量表，品牌忠诚量表采用游和丹修（You & Donthu，2001）开发的量表。

一、品牌依恋与品牌隔离关系实证分析

（一）配对样本 T 检验

配对样本 T 检验是利用来自两个总体的配对样本去推断两个总体的均值是否存在显著差异。两配对样本 T 检验的原假设是两总体均值不存在显著差异。如果通过检验得到的显著性水平 <0.05，则认为两个总体的均值存在显著性差异；反之，则不存在显著性差异。

问卷针对同一个被访者、同一个品牌，调查被访者在品牌隔离和品牌依恋两种不同状态下的购买意愿，符合配对样本 T 检验的要求。帕克（2006）将品牌依恋强度分为高、中、低三个等级，本研究将依恋均值小于 4 的样本划分为低依恋样本，得到 51 个样本。如果品牌隔离与低依恋是两个相同的构面，那么品牌低依恋、品牌隔离对消费者品牌考虑行为、重复购买行为、品牌忠诚行为的影响将大体相同，因此本节提出以下三个假设：

H1：隔离状态下的品牌考虑行为与低依恋状态下的品牌考虑行为不存在显著差异；

H2：隔离状态下的重复购买行为与低依恋状态下的重复购买行为不存在显著差异；

H3：隔离状态下的品牌忠诚行为与低依恋状态下的品牌忠诚行为不存在显著差异。

本节将使用配对样本 T 检验对上述三个假设进行检验，结果如表 3 - 1 所示。

表 3-1   成对样本检验

成对样本		均值	标准差	均值的标准误	t	df	Sig.（双侧）
对 1	品牌考虑（隔离）—品牌考虑（低依恋）	1.36000	1.46856	0.29371	4.630	51	0.000

从以上分析可以看出，隔离状态下的品牌考虑与低依恋状态下的品牌考虑均值相差了 1.36，概率 $P = 0.000$，小于显著性水平 0.05，因此拒绝零假设，接受 H1 假设，即隔离状态下的品牌考虑行为与低依恋状态下的品牌考虑行为存在显著差异。

从表 3-2 可以看出，隔离状态下的重复购买与低依恋状态下的重复购买均值相差了 1.04，概率 $P = 0.000$，小于显著性水平 0.05，因此拒绝零假设，接受 H2 假设，即隔离状态下的重复购买行为与低依恋状态下的重复购买行为存在显著差异。

表 3-2   成对样本检验

成对样本		均值	标准差	均值的标准误	t	df	Sig.（双侧）
对 2	重复购买（隔离）—重复购买（低依恋）	1.04000	1.79072	0.35814	2.904	51	0.000

从表 3-3 可以看出，隔离状态下的品牌忠诚与低依恋状态下的品牌忠诚均值相差了 1.7，概率 $P = 0.000$，小于显著性水平 0.05，因此拒绝零假设，接受 H3 假设，即隔离状态下的品牌忠诚行为与低依恋状态下的品牌忠诚行为存在显著差异。

表 3 - 3 成对样本检验

	成对样本	均值	标准差	均值的标准误	t	df	Sig.（双侧）
对3	品牌忠诚（隔离）—品牌忠诚（低依恋）	1.70000	1.80278	0.36056	4.715	51	0.000

（二）回归分析

回归分析是通过试验和观测来寻找变量之间关系的一种统计分析方法，回归分析最主要目的是为了弄清自变量和因变量两者之间的关系。

本节将运用回归分析，探讨品牌低依恋、品牌隔离与重复购买、品牌考虑、品牌忠诚等购买意愿的关系。

1. 低依恋与购买意愿的回归分析

将低依恋（X_1）作为自变量，品牌考虑（Y_{1-1}）、重复购买（Y_{1-2}）、品牌忠诚（Y_{1-3}）分别作为因变量，进行回归分析，得到如下结果（见表 3 - 4）。

$$Y_{1-1} = -1.333 + 0.948X_1$$

$$Y_{1-2} = -2.842 + 1.396X_1$$

$$Y_{1-3} = -1.19 + 0.979X_1$$

表 3 - 4 低依恋与品牌考虑、重复购买、品牌忠诚回归结果

变量	R^2	F	回归系数	常量
Y_{1-1}、X_1	0.402	11.647 ***	0.948 ***	-1.333 **
Y_{1-2}、X_1	0.526	25.550 ***	1.396 ***	-2.842 ***
Y_{1-3}、X_1	0.674	30.841 ***	0.979 ***	-1.19 ***

注：** 为 $P < 0.05$，*** 为 $P < 0.01$。

通过上述分析结果可以看出：低依恋与品牌考虑的回归方程、低依恋与重复购买的回归方程、低依恋与品牌忠诚的回归方程均显著。说明低依恋对品牌考虑、重复购买、品牌忠诚等行为均有显著的正向影响。

2. 品牌隔离与购买意愿的回归分析

将品牌隔离（X_2）作为自变量，品牌考虑（Y_{2-1}）、重复购买（Y_{2-2}）、品牌忠诚（Y_{2-3}）分别作为因变量，进行回归分析，得到如下结果（见表3-5）。

$$Y_{2-2} = 4.798 - 0.332X_2$$
$$Y_{2-3} = 6.76 - 0.387X_2$$

表3-5　　品牌隔离与品牌考虑、重复购买、品牌忠诚回归结果

变量	R^2	F	回归系数	常量
Y_{2-1}、X_2	0.251	2.046	-0.278 **	4.612 ***
Y_{2-2}、X_2	0.651	17.550 ***	-0.332 ***	4.798 ***
Y_{2-3}、X_2	0.598	19.841 ***	-0.387 ***	6.76 ***

注：** 为 $P < 0.05$，*** 为 $P < 0.01$。

从上述分析结果可以看出：建立的回归方程中品牌隔离与品牌考虑方程中 $R^2 = 0.251$，说明模型与数据的拟合程度较差，并且 F 统计量不显著，因此品牌隔离与品牌考虑回归方程不显著；品牌隔离与重复购买的回归方程、品牌隔离与品牌忠诚的回归方程均显著，说明品牌隔离对重复购买、品牌忠诚等行为均有显著的负向影响。

综上分析，品牌隔离状态下的消费者品牌考虑、重复购买、品牌忠诚等行为与低依恋状态下的品牌考虑、重复购买、品牌忠诚等行为存在显著差异。并且低依恋对品牌考虑、重复购买、品牌忠诚等行为产生正向影响，而品牌隔离对重复购买、品牌忠诚等行为均是负向影响。从而可以得出，低依恋与品牌隔离是两个不同的构面。

二、品牌断裂与品牌隔离关系实证分析

(一) 配对样本 T 检验

在同一被访者同一品牌的背景下，如果品牌断裂与品牌隔离是两个相同的构面，那么品牌隔离状态下的消费者购买意愿与品牌断裂状态下的消费者购买意愿大致类似。因此本研究提出以下三个假设：

H4：隔离状态下的品牌考虑行为与断裂状态下的品牌考虑行为存在显著差异；

H5：隔离状态下的重复购买行为与断裂状态下的重复购买行为存在显著差异；

H6：隔离状态下的品牌忠诚行为与断裂状态下的品牌忠诚行为存在显著差异。

本节运用配对样本 T 检验对上述三个假设进行检验，结果如表 3 - 6 所示。

表 3 - 6　　　　　　　　　成对样本检验

	成对样本	均值	标准差	均值的标准误	t	df	Sig.（双侧）
对 1	品牌考虑（断裂）—品牌考虑（隔离）	1.38636	1.51900	0.16760	8.559	87	0.000

从以上分析可以看出，断裂状态下的品牌考虑与隔离状态下的品牌考虑的均值相差了 1.38636，概率 $P = 0.000$，小于显著性水平 0.05，因此拒绝零假设，接受 H4 假设，即隔离状态下的品牌考虑行为与断裂状态下的品牌考虑行为存在显著差异。

从表 3 - 7 可以看出，断裂状态下的重复购买行为与隔离状态下的重复购买行为的均值相差了 1.31818，概率 $P = 0.000$，小于显著

性水平 0.05，因此拒绝零假设，接受 H5 假设，即断裂状态下的重复购买行为与隔离状态下的重复购买行为存在显著差异。

表 3 - 7 　　　　　　　　　　　　**成对样本检验**

成对样本		均值	标准差	均值的标准误	t	df	Sig.（双侧）
对 2	重复购买（断裂）—重复购买（隔离）	1.31818	1.62272	0.17298	7.621	87	0.000

从表 3 - 8 中可知，断裂状态下的品牌忠诚与隔离状态下的品牌忠诚的均值相差 0.86364，概率 $P = 0.000$，小于显著性水平 0.05，因此拒绝零假设，接受 H6 假设，即断裂状态下的品牌忠诚行为与隔离状态下的品牌忠诚行为存在显著差异。

表 3 - 8 　　　　　　　　　　　　**成对样本检验**

成对样本		均值	标准差	均值的标准误	t	df	Sig.（双侧）
对 3	品牌忠诚（断裂）—品牌忠诚（隔离）	0.86364	1.42379	0.15178	5.690	87	0.000

（二）回归分析

1. 品牌隔离与购买意愿回归分析

将品牌隔离（X_3）作为自变量，品牌考虑（Y_{3-1}）、重复购买（Y_{3-2}）、品牌忠诚（Y_{3-3}）分别作为因变量，进行回归分析，得到如下结果（见表 3 - 9）。

$$Y_{3-2} = 4.904 - 0.328X_3$$

$$Y_{3-3} = 5.843 - 0.379X_3$$

表 3 - 9　品牌隔离与品牌考虑、重复购买、品牌忠诚的回归结果

变量	R^2	F	回归系数	常量
Y_{3-1}、X_3	0.047	2.409	- 0.204	4.773 ***
Y_{3-2}、X_3	0.465	15.341 **	- 0.328 **	4.904 **
Y_{3-3}、X_3	0.502	20.821 ***	- 0.379 ***	5.843 ***

注：** 为 $P < 0.05$，*** 为 $P < 0.01$。

从上述回归结果可以看出，品牌隔离对（X_3）品牌考虑（Y_{3-1}）的回归方程中 $R^2 = 0.047$，说明两变量的拟合效果较差，并且 F 值不显著，说明品牌隔离与品牌考虑的回归方程不显著。品牌隔离与重复购买、品牌忠诚的回归方程所有指标均通过检验，说明品牌隔离对重复购买、品牌忠诚均有显著的负向影响。

2. 品牌断裂与购买意愿的回归分析

将品牌断裂（X_4）作为自变量，品牌考虑（Y_{4-1}）、重复购买（Y_{4-2}）、品牌忠诚（Y_{4-3}）分别作为因变量，进行回归分析，得到如下结果（见表 3 - 10）。

$$Y_{4-1} = 7.254 - 0.623X_4$$

$$Y_{4-2} = 7.037 - 0.567X_4$$

$$Y_{4-3} = 7.792 - 0.619X_4$$

表 3 - 10　　品牌断裂与品牌考虑、重复购买、品牌忠诚的回归结果

变量	R^2	F	回归系数	常量
Y_{4-1}、X_4	0.580	30.002 ***	- 0.623 ***	7.254 ***
Y_{4-2}、X_4	0.483	25.066 ***	- 0.567 ***	7.037 ***
Y_{4-3}、X_4	0.593	33.319 ***	- 0.619 ***	7.791 ***

注：** 为 $P < 0.05$，*** 为 $P < 0.01$。

由以上分析结果可以看出，品牌断裂与重复购买、品牌考虑、品

牌忠诚的一元回归方程所有指标都通过检验，说明品牌断裂对重复购买、品牌考虑、品牌忠诚均会产生显著的负向影响。

从回归分析结果可以得到：品牌隔离对重复购买、品牌忠诚均有显著的负向影响，品牌断裂对重复购买行为、品牌考虑、品牌忠诚也会产生显著的不利影响。虽然品牌隔离和品牌断裂都会对购买意愿产生负向影响，但二者最大的区别就是在各自状态下消费者意愿的差别。调查结果显示：在品牌隔离状态下，68.24%的被访者在购买产品时，（非常、比较、有点）愿意考虑隔离品牌的产品；60.13%的被访者（非常、比较、有点）愿意再次购买隔离品牌的产品。在品牌断裂状态下，仅有5.74%的被访者（非常、比较、有点）愿意考虑断裂品牌产品；2.29%的被访者（非常、比较、有点）愿意购买断裂品牌产品。说明在品牌隔离阶段消费者对品牌的重复购买行为尚未完全终止，而品牌断裂阶段，消费者的重复购买行为几乎很少发生。

学者们都把品牌隔离看作是消费者结束关系的风向标，但调查结果显示：52.48%的消费者对某一品牌有过隔离经历，30.85%的消费者对某一品牌既有隔离经历又有断裂经历，说明21.63%的消费者对某一品牌只有隔离经历而没有断裂经历，从中可以看出品牌隔离是品牌关系断裂的诱因，但并不是必要条件，在隔离关系中有些关系会走向断裂，但有些关系会一直停留在隔离状态。

综上分析，品牌隔离对重复购买行为、品牌忠诚行为会产生不利影响，品牌断裂对重复购买行为、品牌考虑和品牌忠诚有不利影响。但隔离状态下的消费者品牌考虑、重复购买、品牌忠诚行为与断裂状态下的消费者品牌考虑、重复购买、品牌忠诚行为存在显著差异。隔离状态下大部分被访者在购买产品时，愿意考虑或再次购买隔离品牌产品，说明隔离状态下消费者的购买行为尚未完全终止。而断裂状态下极少被访者愿意考虑或再次购买断裂品牌产品，说明断裂状态下消费者的购买行为基本已经终止。

第四章

理论模型与研究假设

现有文献中，有少数学者对品牌隔离的影响因素进行研究，但是在众多因素中哪些因素对隔离产生影响作用、哪些因素不对隔离产生影响作用、哪些因素对隔离的影响作用会大些、哪些因素对隔离的影响作用会较小，以及各因素是通过怎样的路径影响品牌隔离的，目前尚未发现专门的研究。分析品牌隔离过程的影响因素及其形成机理，有利于深入认识品牌隔离过程，以便企业制定有效的预防顾客流失策略。本章通过文献回顾和述评，对品牌隔离的形成机理进行整体性分析，探讨各影响因素是通过怎样的机制激活品牌隔离。

第一节 品牌隔离的影响因素

第二章第三节对品牌隔离的影响因素进行了综述，国内外现有少量的学者对品牌隔离的影响因素进行研究，例如：马蒂南（2002）把品牌隔离的影响因素归纳为三个方面：一是品牌内在因素变化（品牌风格、品牌价值）；二是消费者自身因素变化（需求、价值观、收入）；三是流行因素变化；麦和康蒂（2008）把冷淡、排斥作为引起品牌隔离的主要因素；宁欣（2008）认为竞争对手的情况对品牌隔离也会产生影响。由此可见，学者们对品牌隔离影响因素的研究较为零散且研究结论具有分歧。本节在麦和康蒂的研究基础上，综合参考其他学者的观点，对品牌隔离的影响因素进行进一步的拓展与综合，并最终将品牌隔离的影响因素归纳为以下三个方面。

一、品牌内在因素变化

品牌内在因素变化主要包括品牌风格变化、品牌价格变化、感知质量下降及品牌伦理下降四个方面。

马蒂南（2002）在研究中指出，品牌内在因素与品牌形象相关的几个因素密不可分。品牌内在因素变化包括品牌风格变化，品牌风格是消费者对品牌知识、品牌态度的总和，同时也是消费者对品牌的联系和评价①。品牌风格变化包括两层含义：一是品牌风格变化过于频繁，一段时间变化一种风格，且不同的风格间没有内在的连贯性，消费者无法认清品牌风格的核心元素；二是品牌风格一成不变，无论流行趋势做何种改变、无论流行什么，品牌风格长时间不做任何改变。以上两种情况都可能激活隔离过程，因为无论哪种情况，这种产品都不再符合消费者的需求了，消费者对该产品风格变化过快或无改进深感失望并赋予其"变化莫测"或"过时"的品牌形象。

品牌内在因素的变化还包括品牌产品价格增长。即使产品的其他元素都符合消费者的期望，但若产品价格增长超出消费者的需求，也有可能触发隔离过程。马蒂南在研究中仅提到价格增长对隔离的影响。笔者认为价格下降对品牌隔离也会产生影响，当然，适当的降价能得到消费者的青睐，但若产品降价的幅度较大，企业又没有传递好降价的原因，则很容易引起消费者的误解。尤其对一些把品牌产品作为身份象征的消费者来说，当品牌产品价格降到普通消费者都能消费得起时，他们把这种产品作为身份象征的自豪情感瞬间消失，"派克"钢笔、"卡路约翰"女装品牌就是典型的例子。当品牌产品价格增长过快则易超出消费者的经济承受能力，而价格降得过快则易降低

---

① 韩佳蓉. 论服装品牌风格与流行趋势的结合［J］. 艺术百家，2012（7）：197 - 199.

产品的象征意义，以上两种现象均会引起消费者的情感衰减。因此，本研究认为品牌内在因素中所包含的价格变化应包括价格增长过快和价格下降过多两部分。

麦和康蒂（2008）在对感知质量下降、冷淡、排斥和品牌隔离的因果关系进行研究时，得出冷淡和排斥对品牌隔离有明显的影响，而感知质量下降对品牌隔离没有显著的影响。马蒂南（2002）却把感知质量下降作为引发品牌隔离过程的一个重要因素，他认为当消费者感知到产品质量恶化或产品质量确实有问题时，消费者对该品牌的质量深感失望并赋予它"低质量"品牌形象。陈放（2002）在其构建的品牌形象评价模型中将品牌形象分为内在形象和外在形象。他认为内在形象包括产品形象和文化形象，外在形象包括品牌标识系统形象和品牌的信誉度。其中产品形象是建立在产品功能性上的形象，而产品质量则是产品功能性形象的核心要素。本研究认为麦和康蒂得出冷淡、排斥是品牌隔离的影响因素而感知质量下降不是品牌隔离的影响因素，有可能是因为品牌隔离包含认知和情感维度，冷淡和排斥属于情感范畴，因此得出冷淡和排斥直接对品牌隔离产生影响的结论。感知质量下降并没有直接对品牌隔离产生影响，有可能是通过其他变量的中介效应对品牌隔离产生影响，所以对品牌隔离的直接影响不明显，感知质量作为品牌形象的核心组成部分，其变化应当对内在因素产生影响。因此，本研究认为品牌内在因素变化应包括感知质量下降。

徐小龙（2013）认为企业自身的一些因素，例如企业的社会责任感、企业的诚信等对品牌情感有一定的影响，当企业缺少社会责任感、缺失诚信时，消费者倾向与该品牌保持疏远和冷漠。同样，在陈放（2002）构建的品牌形象评价模型中认为文化形象是品牌内在形象的重要组成部分，文化形象是人们对品牌文化或企业整体文化的认知，企业社会责任感、企业诚信等则是品牌文化和整体文化的重要组成部分。本研究将企业诚信、企业社会责任等统称为品牌伦理。周玉波、黄平意（2011）认为品牌伦理就是在伦理层面约束企业经营者进行适当决策和行为的原则。当企业缺乏伦理时，消费者会认为该企业是一个没有责任感的企业，对使用该企业生产的产品没有安全感，因此会逐渐与企业生产的产品保持距离与疏远，最终造成隔离的产生。

综上所述，本研究认为品牌自身因素中的感知质量下降、品牌风格变化、产品价格变化及品牌伦理变化均会导致品牌隔离的产生。

二、消费者个人因素变化

品牌隔离过程并不总是和品牌产品的供应相关，也同样和消费者个人因素有关。消费者个人因素变化主要包括消费者需求变化、价值观变化和收入变化三个方面。

马蒂南（2002）提到需求变化是消费者个人因素变化的重要因素。需求是人们为了满足物质和文化生活的需要而对物质产品和服务的具有货币支付能力的欲望和购买能力的总和①。随着时代的发展，消费者的需求不断地发生着变化：在商品极大丰富和信息技术高速发展的条件下，个性化的需求逐渐成为新的时尚和主流；在经济发展和收入水平不断提高的条件下，消费者对品牌需求的感知度逐渐提高，品牌需求逐渐成为一股"消费流"；在消费观念和消费水平提高的条件下，消费者除了注重产品的品质外，也要求产品能给人以美感和遐想，即文化味要浓，文化需求逐渐兴起；在健康意识日益增强的条件下，高质量的生活环境和高质量的消费已成为人们的目标，可以预计生态需求即将成为趋势；在工作压力加强和生活节奏加快的条件下，人们寻求各种休闲娱乐来放松身心，休闲需求逐渐成为新的消费动向。总之，消费者的需求日趋个性化、品牌化、文化化、生态化和休闲化。需求的变化会影响消费方式的改变，当需求发生变化后，消费者会认为之前的品牌已经无法满足自己的需求，对原有品牌的情感逐

---

① 许以洪. 市场营销学［M］. 北京：机械工业出版社，2016.

渐减弱，甚至开始寻找能满足自己需求的替代品牌。

价值观变化也是消费者个人因素变化的一部分，消费者价值观的变化会引起品牌隔离。价值观在消费方式和消费行为中起着决定性的作用，瑞金斯（Richins，1994）在研究中指出价值观的变化对消费者的态度和行为起着关键的作用。张梦霞（2005）也认为消费者对品牌产品的态度、行为两方面的价值感知均会受到价值观的潜在影响。价值观分为核心价值观和非核心价值观。核心价值观较稳定、不易改变，但不论核心价值观还是非核心价值观都会随着时间的变化而发生改变。中国是一个以集体主义为核心价值取向的国家，但近几年个人主义也渐渐兴起。越来越多的人尤其是一些年轻人有自己独特的品位，开始接受西方新潮的消费观念，审美观也在发生变化；知足常乐、保守消费的消费理念也不断受到冲击，"花明天的钱，圆今天的梦"逐渐成为一种消费习惯。当消费者价值观发生变化后，会感觉原品牌产品无法满足自己的需求，这时他们对品牌产品的情感会由原来的喜欢、依恋逐渐转变为疏远、冷淡，并积极寻找能够满足自身变化的替代品牌。

马蒂南（2002）认为收入变化也是造成品牌隔离的因素之一。消费者任何身份上的变化都会影响个人的消费方式，而收入水平作为消费者个体特征的典型表现，势必对消费方式产生影响。凯勒（Keller，2001）经研究得出消费者收入会影响其对品牌的感知与态度，这种态度最终表现在实际行动上。陆娟和张东晗（2004）在实证分析中发现消费者的收入越高，品牌忠诚度越低；朱凌、王盛和陆雄文（2003）认为随着个人收入的增加，对外国品牌的偏爱增强；杨佳、杨倩（2009）的研究也显示中等收入水平的消费者更加偏爱自有品牌。随着经济的波动、市场结构的调整，消费者的收入水平也在发生着变化，尤其对一些自主经营者来说更为明显。随着收入的增加，消费能力增强，消费者更愿意尝试品牌产品，为品牌支付溢价；随着收入的减少，消费能力减弱，即使消费者想追求品牌产品，但因经济能力的限制，只能消费普通产品或档次较低的品牌产品。因此，无论收入是增加还是减少，消费者对原有品牌产品的认知将发生变化、态度逐渐变淡，并开始寻找能满足自己当前需要的合适产品。

综上所述，本研究认为消费者个人因素中的消费者需求变化、消费者价值观变化和消费者收入变化都会造成品牌隔离的产生。

三、外部情境因素变化

马蒂南（2002）认为流行因素也会引起品牌隔离的发生。流行是在一定的空间和时间内形成的新潮流，它不仅反映相当数量人们的意愿和行动，而且体现着整个时代的精神面貌①。流行是一种可以影响许多人的社会现象，同时流行的不断形成和变化又对消费行为产生重要影响。当某一流行过于持久和广泛时，许多消费者为了能买到流行的产品宁愿放弃原先的计划，加入追赶潮流的队伍中。流行因素除了影响购买行为外，对消费者的态度和偏好也有显著影响，态度和偏好是消费者对产品或服务的心理倾向，带有严重的情感色彩，这种情感色彩不是先天就有的，是在后天的实践活动中逐渐形成的，而流行因素对这种情感具有一定的影响力。他人对产品的评价对消费者的购买意愿（情感）有很大的影响，当别人说某品牌产品好，消费者也会觉得不错，而当别人说某品牌产品不合适时，消费者也会觉得不满意。如果多数人与消费者态度不一致，那么他（或她）很可能改变原来的态度，附和多数人的意见，而流行则是影响消费者对产品情感的关键因素之一。当消费者意识到自己消费的品牌产品与流行脱节时，与该品牌产生的情感则会逐渐变淡，并下意识地寻找能符合时代潮流的品牌产品。

宁欣（2008）认为竞争品牌的吸引力对品牌隔离也会产生影响。消费者不会只专注于某一品牌的消费，他在对某一品牌消费的过程中

---

① 林荣佳. 时尚化趋势下的国内运动服品牌策略 [J]. 消费导刊, 2008 (9).

也会关注一些竞争品牌，如果竞争品牌产品质量比消费者正在使用的品牌质量好、安全性高，并且转换成本低，则很容易吸引消费者停止对原品牌的购买转向消费竞争品牌；消费者转换品牌时存在着转换成本，转换成本包含有交易成本、精力体力成本和学习成本等，伯纳姆、弗莱尔斯和马哈杨（Burnham，Frels & Mahajan，2003）指出，品牌转换成本还应包括关系成本，即认同损失和关系损失，这些成本的损失使消费者在情绪上产生不快。如果竞争品牌采取各种各样有吸引力的优惠政策，则会变相降低转换成本，竞争品牌产品进入消费者考虑集的可能性就越大。海尔布伦（Heilbrunn，2001）认为虽然高质量、高安全性的竞争品牌产品并不能单独激活隔离过程，但它会通过对其他因素的影响贯穿整个过程。因此，有吸引力的竞争品牌产品在品牌隔离过程中扮演着一定的角色。

综上所述，流行因素、竞争品牌的吸引力对品牌隔离都会产生影响，为了便于区别，本研究将流行因素、竞争品牌产品统称为外部情境因素。

第二节　概念模型的构建

一、理论基础

早期行为主义盛行的时候，行为主义心理学派认为人的情绪或行为障碍是外部刺激直接引起的，没有必要去考虑人内在的心理过程，并将人的复杂行为归结为 S（刺激）- R（反应）模式（见图 4 - 1）。但许多事实证明同样的刺激在不同的个体上，其情绪和行为表现可能是截然相反的，这些现象说明人们生活中的各种事情必须经过主题的选择、接受、评价、加工等认知过程的中介作用才会引起相应的情绪和行为。1974 年梅赫拉比和罗素（Mehrabi & Russell）在原有的 S - R 模式的基础上添加了有机体（organism）这一中介变量，提出了 S

（刺激）-O（有机体）-R（反应）模式（见图4-1），试图解析环境对人类行为的影响。S-O-R模型由前因变量（环境属性）、中介作用（心理状态）、结果变量（趋近或规避的产出结果）构成，其核心思想在于认为处于环境中的个人对环境特征作出的趋近或规避行为受到个人心理状态的中介作用影响。这一模式能够更好地解释外部刺激与人们行为反应之间关系背后的原理与内部作用机制①，并很快被引入到消费者行为学领域。

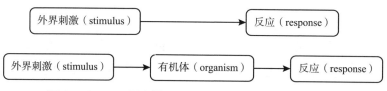

图4-1　S-R行为模式与S-O-R行为认知理论模式

刺激（S）是影响个人内心状态的外部因素②，巴戈齐（Bagozzi，1986）认为这些刺激既可以来自消费者身体内部的生理、心理因素和外部环境，也可以来自营销组合因素和其他消费情境。学者们经常将商场氛围或购物环境作为刺激因素进行研究，例如考特勒（Kotler，1973）认为实体环境涵盖视、听、嗅、触四个感官知觉感应的环境因素，并以氛围来统称；贝克（Bake，1987）将商场环境分为设计因素、空间条件和社会因素这三类；姜岩（2013）将网站依恋维度引入S-O-R模型，以网站的方便性、娱乐性、社群感和网站顾客导向作为刺激因素，构建网站依恋因果模型。

有机体（O）是一个人在受到外界刺激和最终行为反应之间的内

①　Belle R. Situational Variables and Consumer Behavior［J］. Journal of Consumer Research，1975，2：157-164.

②　Eroglu S A, Machleit K A and Davis L M. "Atmospheric qualities of online retailing：a conceptual model and implications". Journal of Business Research，2001：177-184.

心过程①，该过程是由感知、心理、感觉和思考活动构成，主要包括人们的认知和情感部分。罗素（1978）提出情感由愉悦、唤醒和控制三个维度构成，而罗素和普拉特（Russel & Pratt，1980）、多诺万和罗西特（Donovan & Rossiter，1982）在研究中得出控制这个维度对行为的影响不显著应该删除，因此现在普遍承认情绪二维度。认知包括三个因素，分别是感知价值、感知风险和感知信息量。金（Kim，2010）用实证方法证明了在网络购物中，感知交易风险对购买倾向没有影响，但感知功能风险对消费者满意度、购买倾向的影响非常大。

反应（R）是消费者最终的行为，包括态度和行为上的反应。反应分为趋近反映和规避反应两种。趋近反应是消费者受内心过程的影响，态度和行为有朝向目标的倾向，而规避反应是消费者受内心过程的影响，态度和行为有偏离目标的倾向。张玉鲁（2011）在对服装网络购买意愿的影响中反应（R）是购买意愿；项立（2013）在探讨消费者在社会化购物社区上的冲动购物行为中反应（R）是冲动购买行为；刘晟楠（2011）在研究网格购物中把购物态度作为反应（R）。

消费者会选择性地接受这些外部刺激，在各种因素的刺激下产生动机，并在动机的驱使下将进一步指导消费者作出不同的行为反应。本研究基于 S－O－R 模型框架，提出本研究的概念模型。

二、概念模型构建

第四章第一节中指出，触发品牌隔离过程的因素主要有品牌内在因素、消费者个人因素和外部情境因素。品牌内在因素主要包括感知质量下降、品牌风格变化、产品价格变化及品牌伦理变化四个方面；

---

① Bagozzi, R P. Principles of Marketing Management［M］. Science Research Associates Inc. , Chicago, IL, 1986.

消费者个人因素包括消费者需求变化、消费者价值观变化和消费者收入变化三个方面；外部情境因素包括流行因素变化和竞争品牌产品两个方面。本研究中，我们将品牌内在因素变化、消费者个人因素变化及外部情境变化视为对消费者的一种外部刺激（S），当消费者感知这些因素的变化会降低自我概念一致性程度、减少感知价值或增加感知风险时，这些因素的变化将导致消费者的心理预期无法达到，影响消费者的感知和心理（O），感知的下降和心理预期的不满会让消费者产生消极的态度，而消极的态度使消费者对品牌的积极情感将逐渐减少甚至消失，从而促使消费者与品牌产生隔离（S）。品牌隔离可能是单个因素作用的结果，也可能是若干个因素共同作用的结果，这些因素通过一些中介变量或调节变量对品牌隔离产生间接的影响。本研究提出的品牌隔离形成机理概念模型中，将品牌内在因素变化、消费者个人因素变化、外部情境变化作为自变量，品牌隔离作为因变量，感知风险、感知价值、自我概念一致性作为中介变量，初始品牌关系质量、消费者风险态度作为调节变量，把这些变量纳入整体，系统地探讨品牌隔离形成机理概念模型（见图4－2）。

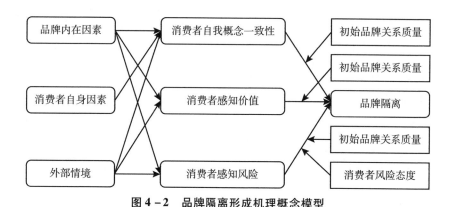

图 4－2　品牌隔离形成机理概念模型

第三节 研究假设

一、品牌内在因素变化、消费者个人因素变化、外部情境变化对消费者自我概念一致性的影响

根据自我概念一致性理论，消费者倾向于选择那些能够帮助自己表达出自我概念的品牌，同时避开那些与自我形象不相符的品牌。当品牌内在因素、消费者个人因素及外部情境发生变化后，消费者会将自我概念与品牌形象进行重新匹配。西尔吉（1982）提出使用"自我—品牌关系一致性"来衡量消费者自我概念与品牌形象之间的匹配程度，张兆辉（2012）在研究中也使用"自我—品牌关系一致性"来衡量二者间的匹配程度；西尔吉（1985）再次提出使用"自我概念一致性"来衡量消费者自我概念与品牌形象之间的匹配程度。本研究使用"自我概念一致性"来度量品牌内在因素、消费者个人因素及外部情境发生变化后消费者所感受的品牌形象与自我概念之间的匹配程度。自我概念一致性不是消费者自我概念单独作用于消费者的结果，也不是品牌形象单独作用于消费者的结果，而是品牌形象与消费者自我概念的相互作用使消费者产生的一种主观感觉[1]。当品牌内在因素、消费者个人因素及外部情境发生变化后，消费者会将变化了的品牌形象与变化了的自我概念进行重新匹配，以感知自我概念一致性的程度。

（一）品牌内在因素变化对消费者自我概念一致性的影响

品牌内在因素变化主要包括感知质量下降、品牌风格变化、产品

---

[1] Sirgy M J, Grewal D, Mangleburg T et al. Assessing the Predictive Validity of Two Methods of Measuring Self Congruity [J]. Journal of Academy of Marketing Science, 1997, 25: 229 – 241.

价格变化及品牌伦理变化四个方面。

1. 感知质量下降对自我概念一致性的影响

感知质量是顾客对一种产品或服务所做的抽象的主观的评价[①]。感知质量是影响品牌形象的关键因素[②]。何佳讯（2000）认为影响品牌形象的因素有两个方面，一是与产品自身有关（如产品规格、质量等），二是与产品自身无关（如企业声誉等）。狄克特（Dichter，1985）认为品牌形象源于消费者对品牌产品的一种整体感知。当消费者感知到产品质量下降时，该品牌的产品给消费者带来的整体感知也在下降。

阿克尔（1997）提出国际上最权威、最具代表性的品牌形象维度量表（Brand Dimensions Scales，BDS），该量表包括真诚、激动人心、有能力、有教养、粗犷五个维度，共15个题项（见表4-1）。

表4-1　　　　　　　　　　品牌形象维度量表

维度	题项	维度	题项
真诚	务实的	激动人心的	大胆自信
	诚实的		精力充沛
	健康的		富有想象力
	令人愉悦的		时尚的
有教养	属于上流阶层	粗犷	热衷户外活动
	有魅力		坚韧的
有能力	可靠的		
	聪慧的		
	成功的		

① 毕雪梅. 顾客感知质量研究 [J]. 华中农业大学学报，2004 (3)：42-45.
② 张铮铮，唐跃军. 品牌建设：顾客感知质量的导向 [J]. 国际市场，2003 (5)：52-53.

根据阿克尔的观点，当消费者感知某品牌的产品质量下降时，他（或她）认为继续使用该品牌的产品是一件无法令人愉悦的事，并且这个品牌是不诚实、不可靠、不成功的，因为一个出色的品牌不会暗中偷工减料，降低产品的质量。同时，消费者会认为让人产生感知质量下降的品牌不再有魅力，因此，感知质量下降对品牌形象将产生不利的影响。当感知质量下降后，消费者将思考继续使用该品牌是否还能表达自我、提升自我并赢得社会的认可，这时会将变化了的品牌形象与自我概念进行重新匹配，当消费者感知某品牌产品质量下降得越多，消费者自我概念一致性将越低。

2. 品牌风格变化对消费者自我概念一致性的影响

品牌风格的变化包括两个方面：一方面是品牌风格变化太多，另一方面是品牌风格一成不变。品牌风格变化太多违背了品牌风格的规范性，品牌风格的规范性即品牌的风格特征为之后的一切设计设定了一个基本框架。吕泽西（2013）认为品牌风格的规范性一方面保证了品牌风格是连贯且有迹可循的，消费者能够从接触到的产品上读出品牌的风格，建立起认知上的联系，并且能认识到这个品牌和其他品牌的差异。另一方面，规范性也能让消费者通过设计元素与品牌再认。赵丽萍（2014）认为品牌风格的延续性是打造品牌形象的基石；品牌风格的一成不变即无论流行趋势做何种变化，品牌风格都不加改变。经济高速发展和人类文明进步促成了流行的多元化，使社会进入到追随个性与时尚的多元化时代，曾经的对某一种款式痴迷的现象已不复存在。品牌风格应该随着环境的变化、结构的调整、需求的改变作出相应的调整，如果一个品牌的风格不合时代、与流行趋势相悖，品牌则无法迎合消费者的需求，从而导致品牌风格落后，市场占有率低。因此，韩佳蓉（2012）认为品牌风格与流行趋势结合在一起，就像强强联合，将会赢得更多的市场、更多的消费者。

当品牌风格变化太多时，消费者再也无法从产品上读出品牌的风格，同时也无法从品牌的表达要素中识别出该品牌。根据 BDS 量表，当品牌风格变化太多时消费者会得出该品牌不可靠、不务实的心理认知，当品牌风格一成不变时，消费者将会认为继续使用该品牌不够时尚，跟不上流行趋势，这种情况下产品就不再符合消费者的需求了。因此，品牌风格变化太多或一成不变对品牌形象将产生不利的影响。当品牌风格变化后，消费者将思考继续使用该品牌是否还能保持他们的社会自我，这时会将品牌风格与自我概念进行重新匹配，以判断消费者自我概念一致性的程度。品牌风格变化得越频繁或越长时间一成不变时，消费者自我概念一致性就越低。

3. 品牌伦理变化对消费者自我概念一致性的影响

品牌伦理就是在伦理层面约束企业经营者进行适当决策和行为的原则①。品牌伦理是企业发展的内在约束和限制，是品牌的道德资产，它要求企业生产能确保消费者生命安全的产品、保障消费者权益、承担社会责任、保护环境、反哺社会等，马俊淑和马大力（2007）认为品牌伦理与品牌形象直接相关。

品牌伦理变化主要包括以下几个方面：企业故意生产假冒伪劣商品、不安全的商品、对环境有害的商品，以欺骗广大消费者获取利益，并屡禁不止；企业在产品包装上提供不真实、不完整的信息，或在品牌宣传中夸大其词提供不可靠的信息，以及开展不正当的有奖销售活动等，这些都将导致品牌诚信缺失；企业在日常的生产经营中极少参与公益活动、破坏生态环境、损害劳工权益、极少回报社会，这些都将给消费者树立负面的社会责任形象。马俊淑（2007）、张京蕾（2011）、周玉波等（2011）、徐小龙（2013）等认为企业生产假冒伪劣商品、企业缺乏诚信及企业缺少社会责任都会对品牌形象产生影响。

品牌伦理下降后，消费者会对品牌形成一个不诚实、不健康、不

---

① 周玉波，黄平意. 基于博弈论视角的品牌伦理制度化研究［J］. 湖南大学学报，2011（1）.

可靠的心理认知，此时消费者将会考虑继续使用这样一个品牌是否还能正确地表达自我、是否与自身的形象相符。这时消费者会将下降了的品牌伦理与自我概念进行重新匹配，以判断消费者自我概念一致性的程度。品牌伦理下降得越多，消费者自我概念一致性就越低。

4. 价格调整对消费者自我概念一致性的影响

企业变动产品的价格是必然的，但价格的变动要与消费者需求相吻合。郭莹等（2012）认为经常购买品牌产品的消费者都知道品牌产品的价格要比普通产品的价格稍微高一些，并且这些消费者对品牌产品价格的不敏感。如果企业调整产品的价格是在消费者可接受的范围内，对企业的销售不会产生太大影响。相反，如果企业调整产品的价格超过消费者可接受的程度，消费者则会产生疑惑、不满等负面情绪，对树立企业品牌形象不利。当品牌价格提升超出消费者可接受的范围时，消费者会把价格的提升理解为是企业的营销手段、物价上涨或产品供不应求，从而产生不满、抵触而不愿意购买等态度；企业产品降价会赢得消费者的青睐，但不是所有的降价都会获得此效果，比如有些品牌降价销售，但企业又没有向消费者很好地解释降价的原因，这就容易让消费者产生各种各样的误解，从而对企业形象不利，当品牌价格下降幅度超出消费者可接受的范围时，消费者会把价格的下降理解为是企业的一种促销行为、品牌产品也许有质量问题或品牌产品将要过时等，从而产生疑惑、抑制实际购买等态度。王芳（2005）认为产品价格是品牌形象的重要组成要素，企业可以利用价格调整来达到打击竞争对手的目的，但价格调整要与消费者的需要相一致。

当品牌产品价格提升超出消费者可接受的范围时，消费者将从经济的角度衡量继续使用该品牌产品是否在经济承受范围之内；许多消费者选择产品时将注意力集中在档次和品牌上，当品牌产品价格下降幅度较大时，消费者首先考虑的是将会有越来越多的人购买这个品牌的产品，继续使用这个品牌的产品将无法体现自身的优越感和独特性，这个品牌的产品"是否拿得出手""是否穿得出去"，而后再考虑其使用价值。尤其对于注重品质的消费者来说，精神上的满足和心理上的愉悦是他们购买商品首要考虑的因素，并以品牌的档次来塑造自己的现代意识和社会形象。当品牌产品价格调整超出了消费者可接受的范围时，消费者则会将价格的变化与自我概念进行重新匹配，以判断消费者自我概念一致性的程度。品牌产品价格调整幅度越大，消费者自我概念一致性将越低。

由上述可知，无论是消费者感知质量下降、品牌风格变化、企业伦理下降还是价格调整都对消费者自我概念一致性产生不利影响，因此，本研究提出如下假设：

H7：品牌内在因素变化对自我概念一致性产生不利影响。

（二）消费者自身因素变化对自我概念一致性的影响

学者们普遍认为消费者自身因素变化主要包括消费者需求变化、收入变化、价值观改变等。麦克拉肯（McCracken，1993）认为消费者身份上的任何变化都会影响个人的消费方式，消费者可能再也不选择之前的同款品牌，会优先选择那些在特定时刻能完美体现自我概念的品牌。消费者会通过自身的消费方式告诉别人他的自我概念，他在选择品牌时会选择能给别人传达与自我形象相符的品牌形象。

1. 消费者需求变化对自我概念一致性的影响

消费者需求变化源于环境、社会及个人的变化。环境变化不仅会改变消费者原来的生活方式，同时也会改变消费者原来的思维方式，并将最终影响顾客的需求。例如，经济的富足使消费者摆脱了基本生活的约束，有能力享受品质生活和精神生活；科技的发展使消费者不断变化的需求变为现实，而这又将刺激需求的再次变化；等等。消费者由于生产和生活的需求，总是要归属某些群体，而消费者的需求无形中受这些群体的影响，如"驴友""摄友""飙车族"等新兴群体的产生，归属于这些群体的消费者的生活方式和消费习惯必受其成员的影响，并最终在其需求上得到反映；环境的改变和归属群体的影响使消费者的个性得到释放，消费者开始逐渐追求多样化的生活内容和个性化的生活方式，这种自我概念的变化直接导致了需求的多样化和个性化。此外，消费者年龄、家庭结构的变化对消费者需求也将产生很大的影响。

王志刚等（2014）认为消费者偏好也是影响需求变化的一个重要因素。例如，随着生活水平的提高及食品安全问题频发，消费者的健康意识逐渐加强，消费者由最初偏好价格低廉的食品渐渐转向偏好质量高、安全性高的食品，消费者对高质量、安全性食品的偏好直接影响消费者需求的变化。

当消费者的需求发生变化后，他们会将变化了的自我概念与品牌形象进行重新匹配，以判断自我概念一致性程度，如果消费者需求变化较大，则自我概念一致性变化较大，自我概念一致性将越低；反之，如果消费者需求变化较小，则自我概念一致性变化较小，自我概念一致性将越高。

2. 消费者收入变化对自我概念一致性的影响

自我概念被认为是一个人对其自身的能力、外表、性格以及个性的认知[1]，自我概念是有可能随着时间的变化而不断变化的。孙丽（2005）认为消费者经济情况是自我概念中自身能力一个重要体现。收入发生变化后，消费者对自我的认知、感受、态度及整体评价将发生改变。收入变化包括收入增加和收入减少两个方面。收入增加意味着消费能力增强，大部分消费者在消费能力增强后将追求更高品质和更加精致的生活，如果他们以前使用的是中档品牌的产品，在收入增加后可能会使用高档品牌产品，甚至愿意为外国品牌支付溢价，因为大部分消费者认为外国品牌比国内品牌品质更好，并且知名度更高。

---

① 应爱玲，朱金福. 高端教育产品消费行为对品牌偏好的影响研究 [J]. 商业时代，2007（5）.

王分棉等（2013）在对我国 28 个省（市区）消费者调查的基础上得出结论：随着个人月收入的升高，喜爱国内品牌产品的消费者比例则有一定程度的下降，高收入群体较为倾向国外知名品牌。收入减少意味着消费能力减弱，迫于经济的压力大部分消费者将压缩各方面的开支，他们将降低各种使用产品的档次，有的甚至转向使用普通产品。

收入的变化对消费者的自我概念将产生较大的影响，他们会将变化了的自我概念与品牌形象进行重新匹配，以判断自我概念一致性程度。如果消费者收入变化较大，则自我概念一致性程度变化较大，自我概念一致性将越低；反之，如果消费者收入变化较小，则自我概念一致性变化较小，自我概念一致性将越高。

3. 消费者价值观变化对自我概念一致性的影响

价值观是指引一个人采取决定和行动的原则和标准[1]。赫尔穆特和舒特（Hellmut & Schutte，1998）认为价值观影响着顾客对具体产品或者服务的价值感知。瑞金斯（1994）指出价值观在个体消费者行为、态度及其决策中起着特别重要的作用。

任何价值观都是一个时代特定人群所追求、信仰的东西[2]。一个人的价值观并不是固定不变的，随着社会的进步和时代的变迁，人们的价值观也会发生相应的变化。例如，过去的消费者以集体主义为价值取向，在消费产品时不喜欢出风头，希望与大众保持高度一致性，但现在越来越多的人尤其是年轻人奉行个人主义，审美观也在发生变化；过去量入为出的消费价值观不断受到冲击，贷款买房、贷款买车、刷信用提前消费等已成为一种常态。恩格尔和考纳特（Engel & Konat，1986）认为价值观在消费者心中扮演着核心角色，同时也是消费者自我概念的核心构成部分。当价值观发生变化后，消费者对产品的感知价值也会发生变化，自我概念也会产生相应的变化。购买本

---

① Rokeach，M. The Role of Values in Public Opinion Research. Public Opinion Quarterly，1968，32：547 – 549.

② 古涵. 消费者价值观、价格态度对生活满意度的影响［D］. 华中科技大学，2010.

身是为了表达自己提供传达手段，消费者通过购买那些与自我形象一致的品牌来表现自我，因此，消费者偏爱那些与自我概念相一致的品牌形象。当价值观发生变化后，消费者会将变化了的自我概念与品牌形象进行重新匹配，以判断原有品牌形象是否还能成为自我概念的传达媒介。当价值观变化越大，消费者自我概念一致性将越低。

综上所述，消费者自身因素中消费者需求变化、消费者价值观改变、消费者收入变化都将对自我概念一致性产生不利影响，因此，本节提出以下假设：

H8：消费者自身因素变化对消费者自我概念一致性产生负向影响。

（三）外部情境因素变化对自我概念一致性的影响

外部情境因素主要包括流行因素、更好的竞争品牌出现，其中流行因素的变化对自我概念一致性将产生影响。

克拉克森和埃克特（Clarkson & Eckert，2005）认为在一个时期或一个群体中，当一群人都在模仿着一种生活行为、一种生活方式或一种观念意识时，流行趋势就形成了。流行因素对服装、室内装修、音乐、电子产品等许多产品的消费方式都会产生影响。许多消费者尤其是一些喜爱追求时尚的消费者为了赶时髦、为了不落伍于时代、为了提高生活效率、为了增加生活乐趣对流行因素格外关注。

在外部环境变化、消费者需求和价值改变、传播方式变化等许多因素的综合作用下，流行在不断地发生着变化。对于一个品牌来说在发展的过程中若没有与流行因素相接轨，就会出现品牌形象与消费者需求不相符的现象。这时对于那些偏爱时尚的消费者来说会将落后的品牌形象与自我概念进行重新匹配，以判断消费者自我概念一致性的程度，若品牌形象与流行因素出入较大，消费者有可能放弃该品牌重新选择其他品牌，若品牌形象与流行因素出入较小，消费者有可能出于情感、转换成本等方面的考虑继续保持与该品牌的关系。因此，本研究提出如下假设：

H9：外部情境变化对自我概念一致性程度产生不利影响。

二、品牌内在因素变化、外部情境变化对消费者感知价值的影响

（一）品牌内在因素变化对消费者感知价值的影响

1. 感知质量对感知价值的影响

质量是先行于价值的先决要素，感知质量水平高，消费者则能感觉到高水平的价值[①]。从第二章第四节的文献回溯中可以发现，产品感知质量对感知价值有一定的影响，国内外许多学者在研究中也证实了这一点。例如毕雪梅（2004）认为提高感知质量有利于提高顾客愿意支付的价格水平，并提高顾客的忠诚度；国外学者格罗鲁斯（Gronroos，1984）认为消费者的感知价值从本质上来说是对感知质量的内化，将外在的体验内化为对内在价值的感知。近几年随着服务营销的兴起，许多学者对感知服务质量和感知价值进行探索。例如，马勇（2004）认为服务感知质量与顾客服务价值存在着线性的正相关关系；金晟桦等（2009）认为大学教育服务质量越高，感知服务价值则越高；刘畅（2015）在对高端消费品感知价值影响因素的定量测度中认为产品感知质量与感知价值存在正相关关系。张雍（2015）也赞成格罗鲁斯的观点，认为感知服务质量是顾客期望得到的服务与实际获得的服务之间的感知差异，而感知价值就是对感知服务质量的内在感知。

此外，许多学者在对感知价值的维度进行研究时都将感知质量作为感知价值的维度之一，例如霍布鲁克（Holbrook，1999）、麦斯维

---

① Parasuraman A, Valarie A Zeithaml, Leonard L Berry. A Multiple Item Scale for Measuring Consumer Perceptions of Service Quality. Journal of Retailing, 1988, 64（1）：12–40.

克等（Mathwick et al.，2002）认为感知价值是一个多维度的概念，其维度包括：感知价格、感知质量、利益和损失；佩特里克（Petrick，2002）开发了一套测量感知服务价值的多维度量表，分别为质量、价格、口碑、情感回应、行为等维度。

上述研究表明，感知质量对感知价值有影响，感知质量越高，感知价值也将越高。当消费者感知到某品牌产品的质量下降时，对该品牌的感知价值也将下降。

2. 品牌伦理下降对感知价值的影响

品牌伦理是一个企业或品牌是否愿意为社会做贡献、是否愿意为消费者负责的总称。消费者都希望自己购买的品牌伦理较高，因为只有具备高伦理的企业或品牌才能够生产出安全、可靠的产品。同样，也只有具备高伦理的企业或品牌才会把为社会服务作为己任。品牌若缺少社会责任感或缺失诚信，消费者在使用产品时则会感知到产品的价值下降，企业伦理下降得越多，感知价值也下降得越多。

综上所述，品牌内在影响因素中感知质量下降、企业伦理下降都将对感知价值产生影响，因此，本节提出以下假设：

H10：品牌内在因素变化对感知价值产生正向影响。

（二）外部情境因素变化对消费者感知价值的影响

外部情境因素中竞争品牌的吸引力对感知价值将产生影响。为了追求利益的最大化，消费者在品牌选择过程中，会同时关注同类产品中数个不同品牌价格及质量等，然后在这几个品牌之间进行比较并作出合理化的决策。竞争品牌比其他品牌更具吸引力，主要体现在它的产品质量比别的品牌好、它的价格比别的品牌低、它的声誉比别的品牌高，并且它的转换成本比别的品牌低。竞争品牌产品的质量越好、价格越低、声誉越好、转换成本越低，则竞争品牌产品的吸引力将越大。徐小龙（2013）认为竞争品牌因素直接影响消费者的感知价值，当竞争品牌具有好的产品质量、高的产品声誉、低的产品价格、低的转换成本时，消费者对竞争品牌产品的感知价值则较大。如果竞争品牌产品的质量、声誉、价格比原品牌产品更有吸引力，消费者感知竞争品牌产品价值越高则对原品牌产品的感知价值越低。

上述研究表明，当消费者感知到竞争品牌产品的吸引力越大时，对竞争品牌产品的感知价值将越高，同时，在与竞争品牌产品的比较过程中，对原品牌产品的感知价值将下降，因此，本研究提出如下假设：

H11：外部情境变化对感知价值有负向影响。

三、品牌内在因素变化、外部情境变化对消费者感知风险的影响

（一）品牌内在因素变化对消费者感知风险的影响

感知质量是某品牌产品给消费者的一种总体感知，当消费者感知到某品牌产品质量下降后，就会认为该品牌是一个不诚实、不可靠的品牌，并给该品牌冠上"伪劣"产品的标签。这时如果消费者再继续使用该品牌的产品，则会面临健康风险、安全风险。因此，感知质量的下降对消费者感知风险将产生负向影响，感知质量下降得越多，消费者的感知风险将越大。

品牌风格的变化对消费者感知风险也会产生影响，若品牌风格一成不变，则跟不上潮流的变化，消费者将冒着"过时"的风险；若品牌风格变化过于频繁，消费者将冒着"多变"的风险。总之，无论是品牌风格一成不变还是变化过于频繁，都会让消费者面临着社会风险。因此，品牌风格的多变和一成不变都会对消费者感知风险产生负向影响。

品牌伦理变化对消费者感知风险将产生影响，当企业缺少社会责任感或缺少诚信时，企业将给消费者留下不好的印象，同时消费者会感觉购买缺少社会责任感或缺少诚信的企业所生产的产品风险很大，

因此，品牌伦理的变化对消费者感知风险将产生负向影响，企业社会责任感越差或诚信越低，消费者的感知风险将越大。

价格的变化对消费者感知风险也会产生影响，价格提高过快，消费者将面临着经济风险；价格降得过低，消费者将面临社会风险。本节提出以下假设：

H12：品牌内在因素变化对消费者感知风险产生负向影响。

（二）外部情境变化对消费者感知风险的影响

外部情境因素中竞争品牌的吸引力对消费者感知风险将产生影响。徐小龙（2013）认为如果一个产品质量可靠、声誉较好、价格低廉等，这就代表着消费者如果购买和使用这个产品风险则会较低。汪兴东等（2011）认为当竞争品牌产品的吸引力很大，即竞争品牌产品比原品牌产品有更卓越的质量、更显赫的声誉、更优惠的价格时，消费者若继续使用原品牌产品则会感知财务风险、功能风险和社会风险在增加。

上述研究表明，竞争品牌吸引力与消费者对原品牌产品的感知风险存在正相关关系，当竞争品牌产品吸引力越大，消费者对原品牌产品的感知风险越大。因此，本研究提出如下假设：

H13：外部情境变化对感知风险产生正向影响。

四、消费者自我概念一致性的中介作用

国内外许多学者的研究都认为自我概念一致性对品牌偏好、购买意向、顾客满意、品牌忠诚等都会产生直接或间接的有利影响。例如，埃里克森（Ericksen，1996）在其研究中得出消费者自我概念一致性对消费者的购买意愿有显著的有利影响的结论；西尔吉等学者（1997）指出自我概念的一致性程度还会影响消费者的购后行为——顾客满意；王然（2011）在其研究中以运动产品作为研究品牌，以大学生为被访对象，得出的结论为自我概念一致性与品牌忠诚之间存

在显著的正向线性关系；孙颖（2014）对自我概念一致性和品牌偏好之间的关系进行研究，得出前者对后者有显著的正向影响。

自我概念一致性不仅会对消费者的购买前和购买后行为产生影响，而且还会对消费者的认知和情感产生影响。埃里克森（1996）认为消费者的自我概念一致性会对产品和品牌产生积极的态度；西尔吉（1997）研究中发现当消费者主观感受到的品牌形象与自我概念一致时，就会对这个品牌的产品产生满意、喜欢等正面的情感，并且增加了重复购买这种产品的可能性。也就说，当消费者感知品牌形象与自我概念的一致性程度越高，消费者在购买产品时越先想到该品牌，对品牌产生的喜爱程度也越深；反之，当消费者感知品牌形象与自我形象不一致即自我概念一致性很低时，消费者不仅不把该品牌纳入考虑集，同时对该品牌的积极情感也较少；徐小龙（2013）认为若消费者主观感觉到品牌形象的变化与自我概念不相符或缺乏一致性时，则会产生消极的情感。

张晓璐（2013）在研究中表明，自我概念一致性在老年消费者品牌需求因素对重复购买行为的影响中起着中介变量的作用。本研究以自我概念一致性为中介变量，研究品牌内在因素、消费者个人因素及外部情境发生变化对品牌隔离的影响。品牌内在因素、消费者个人因素及外部情境发生变化后，消费者会将变化了的品牌形象与变化了的自我概念进行重新匹配以判断二者的契合程度，若一致性程度较高，消费者将保持对品牌积极的认知和情感，相反，若一致性程度较低，消费者对品牌的积极情感迅速减少，有时甚至降为零，这将加快品牌隔离的产生。自我概念一致性在品牌内在因素、消费者个人因素及外部情境对品牌隔离的影响中起着中介作用，自我概念一致性程度对品牌隔离产生负向影响，自我概念一致性程度越低，品牌隔离程度将越高。因此，本研究提出如下假设：

H14：消费者自我概念一致性在品牌内在因素、消费者自身因素、外部情境因素对品牌隔离的影响中起着中介作用。

五、感知价值的中介作用

感知价值对购买意愿、购买行为、品牌偏好、品牌忠诚、顾客满意等会产生积极的影响。例如，泽萨姆（1988）认为感知价值会对消费者未来的购买行为和意愿产生影响，高的感知价值会促进消费者购买意愿和行为的增加，即二者间存在正向关系；布莱克维尔等（Blackwell et al.，1999）认为感知价值对顾客的消费态度和重购意愿起到关键作用，而对特定品牌的偏好态度与意愿能够促成持续一致的购买行为；韦恩斯坦（Weinstein，2001）认为高的感知价值必然会产生高的顾客忠诚；陈海亮（2012）在其硕士论文中通过实证的方法证实感知价值对品牌忠诚有正向影响，高的感知价值对应高的品牌忠诚，相反，低的感知价值对应低的品牌忠诚。

消费者感知价值除了会影响消费者的购买意愿、购买行为、品牌偏好、品牌忠诚等方面外，对消费者的认知和情感也会产生影响。鲍尔（Bower，2001）认为感知价值对品牌情感有正向影响，消费者对品牌的感知价值越高，对品牌的积极情感也将越深；陈海亮（2012）认为只有顾客在获得的价值高于预期或者远高于为此所付出的代价时，顾客才会钟情于该品牌；拉尔森和迪内尔（Larsen & Diener，1985）认为品牌情感在消费者品牌回顾和品牌认知中起着关键作用。即认知和情感是相互作用的，认知能促进情感的产生，同时情感对认知又将产生一定的影响，正面的认知能带来正面的情感，同时正面情感也将促使正面认知的产生，当消费者对品牌产生积极情感时也将促使消费者对该品牌产生好的认知。

徐小龙（2013）研究品牌关系断裂的形成机制时，认为各影响要素没有直接对品牌断裂产生影响，而是通过感知价值的中介作用；吴金岳（2012）研究表明，顾客感知价值是笔记本电脑品牌形象对品牌忠诚影响的中介变量。本研究以消费者感知价值作为中介变量，研究品牌内在因素、外部情境发生变化对品牌隔离的影响。品牌内在因素发生变化后，消费者会重新评价原品牌产品的价值，若感知价值高于未发生变化前的感知价值，消费者将保持甚至增加对原品牌的积极认知和情感；相反，若感知价值低于未发生变化前的感知价值，消费者对品牌的积极情感将逐渐减少，将促发品牌隔离的发生。变化后的感知价值越低，消费者与品牌隔离程度将越高。因此，本研究提出如下假设：

H15：消费者感知价值在品牌内在因素、外部情境因素对品牌隔离的影响中起着中介作用。

六、感知风险的中介作用

感知风险会对消费者的品牌认知产生影响，图林和斯威特（Tulin & Swait，2004）验证了感知风险对一个品牌是否能进入消费者考虑集的可能性大小，当消费者感知购买某品牌的风险越大，这个品牌进入消费者考虑集的可能性越小；相反，当消费者感知购买某品牌的风险越小，这个品牌进入消费者考虑集的可能性将越大。

消费者感知风险对品牌情感也将产生影响，泰勒（Taylor）在1974年时建立了消费者承担风险行为的整体理论。该理论认为消费者进行决策前，首先要面临着选择，选择与感知风险是并存的，而感知风险又会让消费者产生焦虑之情，这时消费者就会寻求各种各样的方法来减少风险，以降低消费行为后果的不确定性及消费行为后产生不利后果的严重性。当某品牌伦理水平下降后，消费者若继续使用这个品牌的产品，则会冒着使用假冒伪劣商品、被企业欺骗等风险。同样，如果竞争品牌产品吸引力很大，而消费者若继续使用这个品牌的产品，将会冒着财务损失、功能损失等风险，这时消费者对这个品牌将保持疏远和冷漠以减少风险。

在品牌内在因素、外部情境发生变化后，消费者是与这个品牌继续保持着积极的情感还是不再对这个品牌持有积极情感也是一种选择。在此过程中，如果消费者感知风险很高，就会决定疏远这个品牌，即与品牌产生隔离；当感知风险较小，在消费者可接受的范围内，消费者决定继续和品牌保持积极的情感，即不与品牌产生隔离。因此，本研究提出如下假设：

H16：消费者感知风险在品牌内在因素、外部情境发生变化对品牌隔离的影响中起着中介作用。

七、初始品牌关系质量的调节作用

品牌关系质量是衡量消费者与品牌间关系的稳定性和持续性等健康状况的重要指标，而初始品牌关系质量是指消费者与品牌之间关系尚未发生中断、终止或消亡之前双方间的品牌关系质量。初始品牌关系质量高意味着消费者在与品牌之间的关系发生变化前与品牌之间是保持着良好的关系，消费者对从该关系中获得的感知价值是满意和信任的。在品牌关系对消费者行为的影响中，初始品牌关系质量可以是自变量，也可以是调节变量或中介变量①。

黄静（2007）认为品牌关系质量是衡量消费者与品牌之间关系强度的一个指标，而初始品牌关系质量则是衡量消费者与品牌刚刚建立起关系时的强度，它对消费者的认知有着直接的影响；梁文玲（2014）认为先前的品牌关系除了会影响消费者的认知外，也会对消费者的情感产生影响，而消费者情感又会反过来影响个体认知；黄静、熊巍（2009）把原有的消费者—品牌关系质量作为调节变量引入研究中，得出原有的消费者—品牌关系质量调节着犯错品牌的投入对关系再续意愿的影响；钟岭（2011）在博士论文中，将原有的消费者—品牌关系质量作为调节变量，用实证方法证明原有品牌关系质量可以调节品牌关系断裂。人际关系理论认为"给予更多承诺和更

---

① 钟岭. 企业应对行为对消费者—品牌关系断裂影响机理研究——基于可辩解型产品伤害危机［D］. 江西财经大学，2011.

为亲密的关系中的双方会更有可能宽恕对方"①，若把此理论类比到品牌关系中，则有初始品牌关系质量强度高低，对品牌内在因素、消费者个人因素、外部情境发生变化后消费者—品牌关系是否隔离起着调节作用。

品牌内在因素、消费者个人因素、外部情境发生变化后，消费者会将变化了的品牌形象与变化了的自我概念进行重新匹配，当消费者感知自我概念一致性程度较低时，相对于不良的初始关系，具有良好关系基础的消费者对品牌关系的认知和情感产生的负面影响较少，以往良好的关系铺垫了消费者对品牌的情感基础。初始关系质量越高，消费者所能承受的自我概念一致性程度越低，较弱的自我概念一致性还不会导致品牌隔离的发生；相反，初始关系质量越低，消费者所能承受的自我概念一致性程度越高，较强的自我概念一致性程度都有可能导致品牌隔离的发生。因此，本研究提出如下假设：

H17：初始品牌关系质量在自我概念一致性与品牌隔离的关系中起调节作用。

品牌自身因素、外部情境发生变化后，消费者从品牌中感知到的价值也将发生变化，初始关系质量越高，较低的感知价值还不会导致品牌隔离的发生，相反，初始关系质量越低，较高的感知价值都有可能导致品牌隔离的发生。因此，本研究提出如下假设：

H18：初始品牌关系质量在感知价值与品牌隔离的关系中起调节作用。

品牌自身因素、外部情境发生变化后，消费者的感知风险也将发生变化，初始关系质量越高，较高的感知风险还不会导致品牌隔离的发生；相反，初始关系质量越低，较低的感知风险也会引发品牌隔离的发生。因此，本节提出以下假设：

---

① Shimp T and Madden T. Consumer – Object Relations: A Conceptual Framework Based Analogously on Sternberg's Reaesrch, 1998, 15 (1): 163 – 168.

H19：初始品牌关系质量在感知风险与品牌隔离的关系中起着调节作用。

八、消费者风险态度的调节作用

沃内德（Warneryd，1996）提出了风险态度的概念，指投资者对于金钱的处理方式及风险喜恶的程度①，不久后这个概念被引入消费者行为研究中，指消费者在购买决策中对风险的喜恶程度。根据消费者对风险的态度可以将消费者分为风险规避者、风险爱好者、风险中立者。风险规避者面对风险选择逃避的态度，在进行方案选择时他们倾向选择风险最小的方案；风险爱好者喜欢冒险、喜欢追求各种刺激的对象，他们在进行方案选择时倾向于选择风险越高的方案；风险中立者对风险没有太明显的偏向，他们在进行方案选择时随机性较大。马祖达尔（Mazumdar，1993）在研究中指出风险态度决定着消费者的购买决策。哈夫莱纳和迪萨尔伯（Havlena & Desarbo，1991）也指出持有不同风险态度的消费者对感知风险的感觉不同，并且对减少风险的方法也不同。

在研究中风险态度经常作为调节变量，例如钟岭（2011）在其博士论文研究中，将消费者的风险态度作为调节变量，用实证方法证明风险态度可以调节品牌关系断裂；侯娇峰（2013）在研究员工绩效薪酬感知与薪酬满意度的关系中以风险态度为调节变量。

在品牌自身因素、外部情境发生变化后，消费者是否和品牌继续保持关系是件有风险的决策，风险爱好者在做决策时对购买风险不太重视，相反风险规避者在做决策时对购买风险非常重视。对于冒险者而言，较大的感知风险还不会导致品牌隔离的发生，而对于规避者来说较小的感知风险也可能导致品牌隔离的产生。

---

① 高海霞. 基于消费者风险态度的赋权价值购买模型［J］. 中大管理研究，2010（3）.

从上述研究中可知，对待风险的态度不同会造成消费者对风险的承受能力不同，从而对消费者—品牌关系是否隔离产生调节作用。因此，本研究提出如下假设：

H20：消费者风险态度在感知风险与品牌隔离的关系中起调节作用。

根据以上假设，最终本研究形成如下概念模型（见图4-3）。

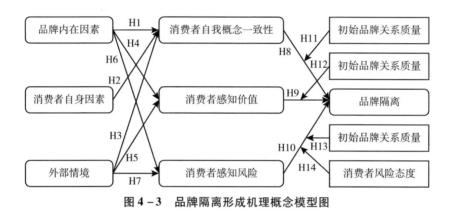

图4-3　品牌隔离形成机理概念模型图

根据以上分析，本书共提出14个研究假设，具体内容见表4-2。

表4-2　　　　　　　　　品牌隔离形成机理研究假设

序号	假设项	假设内容
1	H7	品牌内在因素变化对消费者自我概念一致性产生不利影响
2	H8	消费者自身因素变化对消费者自我概念一致性产生负向影响
3	H9	外部情境变化对自我概念一致性程度产生不利影响
4	H10	品牌内在因素变化对感知价值产生正向影响
5	H11	外部情境变化对感知价值有负向影响
6	H12	品牌内在因素变化对消费者感知风险产生负向影响
7	H13	外部情境变化对感知风险产生正向影响

续表

序号	假设项	假设内容
8	H14	消费者自我概念一致性在品牌内在因素、消费者自身因素、外部情境因素对品牌隔离的影响中起着中介作用
9	H15	消费者感知价值在品牌内在因素、外部情境因素对品牌隔离的影响中起着中介作用
10	H16	消费者感知风险在品牌内在因素、外部情境发生变化对品牌隔离的影响中起着中介作用
11	H17	初始品牌关系质量在自我概念一致性与品牌隔离关系中起调节作用
12	H18	初始品牌关系质量在感知价值与品牌隔离的关系中起着调节作用
13	H19	初始品牌关系质量在感知风险与品牌隔离的关系中起调节作用
14	H20	消费者风险态度在感知风险与品牌隔离的关系中起着调节作用

第五章

研究设计与方法

　　本研究第四章第二、三节探讨了概念模型的构建与研究假设，这一章将重点探讨测量研究的产生，即概念模型中的各个构面是如何测量的及测量研究的评估与修正，以此为后续研究做好设计规划。

　　测量量表是整个实证研究的基础，测量量表的优劣将直接关系到研究的价值。最终量表的形成需要经过以下几步：首先，选择基础量表库。研究中所涉及的量表，一般来说国内外学者都有过相关的研究，这时作者应根据本研究的要求，选择国内外相关的、较为成熟的量表作为基础量表；其次，对基础量表进行修改。基础量表是学者们根据各自的研究创造出来的，由于研究目的、研究环境等存在差异，这就决定了不能直接搬用前人量表，而应根据自己的研究内容、文化环境等对前人量表做相应的调整和修改，并以修改后的量表为基础编制出适合本研究的初始调研问卷；最后，形成最终量表。设计好初始调研问卷后，接下来开展小规模预调研，通过预调研获取的数据，再利用统计分析、因子负荷量分析等方法对量表进行修订，在此基础上形成的量表才是符合本研究的最终量表，可以在大样本调查中使用。

第一节　测量研究的产生

一、消费者自我概念一致性的测量量表

通过第二章的文献追溯可知，自我概念一致性是自我概念与品牌

形象之间的契合度，它一般包括现实自我一致性、理想自我一致性、社会自我一致性和理想社会自我一致性四个维度。考虑到问卷的长度及多数学者的观点，本研究采用现实自我一致性、理想自我一致性两个维度来表示自我概念一致性。

品牌个性测量量表，国内外学者多数采用的是阿克尔（1997）的"大五"模型量表。该量表包括五个维度15个题项，五个维度分别是真诚维度、刺激维度、能力维度、教养维度、粗犷维度，国内也有部分学者根据本土化特征开发出本土品牌形象量表，但与"大五"模型量表相差不大。鉴于"大五"模型量表已被证实有很好的信度和效度，本研究仍然采用阿克尔的"大五"模型量表。

虽然许多学者在研究中引入了自我概念一致性的定义并对其进行测量，但目前没有独立的测量量表。为保证测量工具的可靠性和有效性，本书采用西尔吉在1997年研究出的绝对差值法，这也是目前国际上通用的测量方法。所谓的绝对差值法，就是分别测量出自我概念的得分和品牌个性的得分，然后再用得分差异的相反数来衡量自我概念与品牌个性的一致性。得出来的分数越大，说明自我概念一致性程度越高。因此，要求自我概念的测评指标必须与品牌个性测评指标保持一致，以通过观察二者的差异来衡量一致性程度。

根据克莱伯尼和西尔吉（Claiborne & Sirgy，1990）研究中所采取的方法，首先确定品牌个性测量量表中一组描述形象特征的形容词，然后通过这些形容词设计相对应的自我概念（真实/理想）一致性量表（见表5-1）。

表5-1　　　　自我概念一致性（真实/理想）测量指标

变量维度	品牌个性		真实自我		理想自我	
	编号	测量题项	编号	测量题项	编号	测量题项
真诚	BP1	务实的	ASC1	为人实在，从不好高骛远	ISC1	成为实干家，而不是空想家

续表

变量维度	品牌个性		真实自我		理想自我	
	编号	测量题项	编号	测量题项	编号	测量题项
真诚	BP2	诚实的	ASC2	为人诚实	ISC2	一个诚实的人
	BP3	健康的	ASC3	身体状况很好，很少生病	ISC3	拥有一个健康的体魄
	BP4	令人愉悦	ASC4	周围人很欢迎我参加活动	ISC4	自己能带给别人快乐
激动人心	BP5	大胆自信	ASC5	和领导或陌生人讲话时，我从不紧张	ISC5	希望自己敢于尝试别人不敢尝试的事情
	BP6	精力充沛	ASC6	我可以超负荷工作	ISC6	成为精力充沛的人
	BP7	富有想象力	ASC7	想象力非常丰富	ISC7	充满想象力
	BP8	时尚的	ASC8	喜欢穿流行的服饰	ISC8	有很好的时尚触觉
有能力	BP9	可靠的	ASC9	我尽力帮别人完成交代的事	ISC9	自己是一个言而有信的人
	BP10	聪慧的	ASC10	在工作中很少有事能难倒我	ISC10	成为一个聪明的人
	BP11	成功的	ASC11	我觉得自己是一个很成功的人	ISC11	工作或生活中取得的成和好评就均得到别人的认可
有教养	BP12	属于上流阶层	ASC12	我期望像贵族一样生活着	ISC12	跻身上流社会，成为有品位的人
	BP13	有魅力	ASC13	一到周末就有许多朋友邀请我	ISC13	成为魅力四射，备受关注的人
粗犷的	BP14	热衷户外活动	ASC14	我喜欢参加户外活动	ISC14	时常能和朋友出去郊游、旅行
	BP15	坚韧的	ASC15	我能够持之以恒地去做一件事情	ISC15	即使面临压力和困难，我也不言放弃，坚持把事情做完

为了避免被访者察觉出本次调查目的并选择同样的结果，本研究

在设计问卷时将品牌个性、理想自我、现实自我相对应的 15 个选项的顺序全部打乱，并对它们的表述方法进行调整。

二、消费者感知价值测量量表

感知价值即顾客感知总体价值与他所支付价格的权衡及以前购买的体验[①]。感知价值不仅是产品满足消费者需求最重复的因素，而且也是消费者在选择产品时最看重的因素。感知价值包含有多个构面，虽然学者们对顾客感知价值的构成未达成统一的见解，但大多数学者都认同顾客感知价值由功能价值、情感价值和社会价值三个维度构成。本研究借鉴了帕拉苏尔曼（Parasurman，2000）、斯威尼（Sweeney，2001）、布尔多（Bourdeau，2002）、杨晓燕（2006）、陈海亮（2012）、钟凯（2013）等学者开发的成熟测量量表，结合本研究的特点，功能价值维度设计了 CPV1、CPV2 两个题项，情感价值维度设计了 CPV3、CPV4 两个题项，社会价值维度设计了 CPV5、CPV6 两个题项（见表 5 - 2）。

表 5 - 2 消费者感知价值测量题项

编号	测量题项
CPV1	我感觉物有所值
CPV2	我喜欢使用"这个品牌"的产品
CPV3	"这个品牌"产品的品质值得信赖
CPV4	继续使用"这个品牌"是件愉快的事
CPV5	继续使用"这个品牌"能给别人留下好印象
CPV6	继续使用"这个品牌"让我在社交场合更自信

---

① Keeney R L. The Value of Internet Commerce to the Customer. Management Science，1999，45（4）：533 - 542.

三、感知风险测量量表

鲍尔（1960）认为消费者在做出购买决策时，不能准确预测购买后所发生的结果，购后的结果可能使消费者满意也可能使消费者不满意，因此消费者在购买商品时存在结果并不确定的问题，从而导致风险的产生，这就是感知风险。从第二章文献综述中可知感知风险有不同的构面，但国内外多数学者普遍都赞成感知风险包括时间风险、功能风险、财务风险、身体风险、心理风险和社会风险六个维度。这六个维度中每个维度对感知风险的解释都不相同，并且与感知风险的相关性也存在很大差异。因此许多学者在研究感知风险时，并不是对所有的风险构面进行研究，而是根据产品的特性和研究的需要选择相关构面。

本研究借鉴卢泰宏（2007）、钟岭（2011）、钟凯（2013）等的成果，并根据本研究内容和目的将采用包含财务风险、功能风险、心理风险、身体风险和社会风险、时间风险六个维度的消费者感知风险测量量表（见表5–3）。

表5–3　　　　　　　　　消费者感知风险测量题项

编号	测量题项
CPR1	我担心使用劣质产品对健康有影响
CPR2	我担心使用过时的产品会给他人留下"不入潮流"的印象
CPR3	我担心"这个品牌"产品质量有问题
CPR4	若有比"这个品牌"更好的产品，而我继续使用"这个品牌"，我担心会购买到性价比低的产品从而遭受经济损失
CPR5	我担心继续使用"这个品牌"达不到预期效果
CPR6	我担心更换品牌会浪费我的时间和精力

四、初始品牌关系质量测量量表

初始品牌关系质量是指消费者在与品牌关系发生变化之前双方间的品牌关系质量，是从时间维度衡量的消费者与品牌之间的关系情况。富尼耶（1998）将初始品牌关系质量定义为：消费者与品牌之间的关系尚未发生变化前，双方之间联系的强度及时间的长度。强度强调两者之间关系的紧密性和信任度，长度强调消费者对品牌的承诺、忠诚。本节根据布莱克斯通（1995）的观点，同时参考梁文玲（2014）采用的量表，使用关系满意和关系信任两个维度来测量初始品牌关系质量（见表5－4）。

表5－4 初始品牌关系质量测量题项

编号	测量题项
IBR1	我对"这个品牌"提供的产品很满意
IBR2	"这个品牌"的实际表现与我的期望一致
IBR3	"这个品牌"与我的生活紧密相连
IBR4	我与"这个品牌"保持了长时间的关系
IBR5	我对"这个品牌"一直很信赖

五、消费者风险态度测量量表

消费者风险态度是投资者对于金钱的处理方式及风险喜恶的程度，本研究以沃内伊德（Warneryd，1996）、钟岭（2011）等的研究成果为基础，并结合本研究的实际情况对量表进行修正得出如下消费者风险态度测量量表（见表5－5）。

表 5 - 5　　　　　　　消费者风险态度测量题项

编号	测量题项
CRA1	在决定任何事情之前，我会仔细想想
CRA2	我避免做有风险的事情
CRA3	当有机会冒险时，我会非常注意安全
CRA4	我宁愿多花时间比较，也不愿意事后后悔
CRA5	我希望能确实了解产品的相关信息
CRA6	我不喜欢尝试新奇的事物

六、品牌隔离影响因素测量量表

品牌隔离影响因素包括品牌内在因素、消费者个人因素、外部情境因素，目前国内外文献中尚未有现成的量表可借鉴。本节通过对有关文献进行归纳并结合研究的实际情况（具体见第四章第一节），分别得到品牌内在因素量表、消费者个人因素量表、外部情境量表（见表 5 - 6 ~ 表 5 - 8）。

表 5 - 6　　　　　　　品牌内在因素测量题项

编号	测量题项
IFB1	感觉"这个品牌"的产品质量下降了
IFB2	"这个品牌"风格变化过于频繁
IFB3	"这个品牌"风格一成不变
IFB4	"这个品牌"产品价格增长过快
IFB5	"这个品牌"产品价格下降过多
IFB6	"这个品牌"的企业缺少社会责任感
IFB7	"这个品牌"的企业缺失诚信

表 5 –7　　　　　　　　　消费者个人因素测量题项

编号	测量题项
CPF1	您的需求发生变化
CPF2	您的价值观发生变化
CPF3	您的收入增加
CPF4	您的收入减少

表 5 –8　　　　　　　　　外部情境因素测量题项

编号	测量题项
ES1	流行因素变化
ES2	其他品牌产品比"这个品牌"产品更有吸引力

第二节　消费者—品牌关系隔离量表开发

自从品牌依恋概念提出以后，消费者与品牌之间的情感问题逐渐成为营销界研究的一个热点。消费者能与品牌建立起情感关系，建立的情感关系也会慢慢消退。因此，企业不仅要知道如何与消费者建立情感关系，而且还要知道所建立的情感关系为什么会消退[①]。品牌隔离被看作消费者与品牌关系恶化的情感部分，对两者间的情感消退能做出较好的解释。品牌隔离量表是直接测量消费者对某一品牌情感消退强度的工具，目前，国外有少量学者对品牌隔离量表进行开发，但已开发的量表不但测量条目少，无法全面测量消费者与品牌间的隔离关系，而且完全立足于西方文化背景，因此我们认为有必要重新开发一套内容较为翔实并能测量中国消费者行为的隔离量表。

---

① 徐小龙. 消费者—品牌关系断裂研究述评 [J]. 现代管理科学，2011（8）.

一、相关题项收集、整理及补充

学者们均赞成品牌隔离是一个包括认知、情感两种成分的多维概念。马蒂南（2002）开发了 2 个维度共 5 个测项的隔离量表，两个维度分别为认知维度和情感维度，其中认知维度包括"该品牌走出我的脑海""我不再满意这个品牌"2 个测项；情感维度包括"没有什么能煽动我优先购买这个品牌""我对这个品牌再也没有感情了""我不再被这个品牌吸引"3 个测项。马蒂南开发的量表虽然包括认知和情感两个维度，该量表测量条目较少无法全面测量企业品牌与消费者间的隔离关系，而且中西文化存在较大的差距，对消费者认知和情感的理解不完全相同。因此我们认为有必要重新开发一套内容较为翔实且专门针对中国消费者的品牌隔离测量量表，以度量消费者与品牌间的隔离关系。

（一）品牌认知题项的收集与整理

国外学者大卫·A. 阿克尔（David A. Aaker）于 1991 年率先提出品牌认知概念，他认为品牌认知是消费者对品牌的了解、认识和把握程度；1993 年凯勒（Keller）对大卫的认知理论进行补充，将品牌形象也纳入品牌认知之中，他认为品牌认知是消费者对品牌的识别和记忆。

国内外有许多学者对品牌认知的维度进行了探索。例如，凯勒提出的品牌认知维度得到了学术界的普遍认可，他认为品牌认知包括品牌知晓度和品牌形象两个维度。国内学者陈祝平（2005）认为品牌认知包括三个维度，分别是品牌记忆、品牌识别和品牌了解。此外，陈云岗（2004）在研究中提及品牌认知可以由服务认知、产品认知和组织认知三个维度构成。

本研究以国内外的相关研究为基础，参考孙明贵（2014）老字号品牌认知四维度量表、肖波涛（2014）消费者认知要素测量指标、李攀（2013）李宁品牌认知维度量表，结合对品牌隔离概念内涵的洞察，来提炼品牌关系隔离的认知题项。

（二）品牌情感题项的收集与整理

品牌情感是消费者使用该品牌后所能产生的积极情感的潜力[①]。品牌情感是品牌形成附加值的源泉[②]。

梅拉宾和罗素（Mehrabian & Russell，1974）提出的 PAD 情绪范式是西方学术界普遍认可的品牌情感量表。该模型包括愉快、激活和支配三个维度；尤克塞尔（Yuksel，2007）通常使用愉快和唤起作为品牌情绪的维度。尽管西方学者对品牌情感构建了较为成熟的量表，但由于中西方文化的差异导致情感测量有所不同。国内学者何佳讯（2008）在中国文化背景下建构了"真有之情"和"应有之情"的品牌情感测量量表。"真有之情"和"应有之情"真实完整地反映出中国消费者的品牌情感，因此国内许多学者在开展相关研究时都采用了该量表。

本研究以国内外的相关研究为基础，参考何佳讯（2008）"真有之情"和"应有之情"量表、肖波涛（2014）消费者情感要素测量指标、李攀（2013）李宁品牌情感维度量表，结合对品牌隔离概念内涵的洞察，来提炼品牌关系隔离的情感题项。

（三）题项的补充

以国内外文献为基础收集与整理的题项一共是 34 项，通过收集与整理所获得的题项较少，并且大多数题项未能体现出品牌隔离的含义，因此，本研究试图通过小组座谈方式并结合品牌隔离的内涵对题

---

① Holbrook M B. The Nature of Customer Value, An Axiology of Services in the Consumption Experience. In：Rust RT, Oliver RL, editors. Service Quality：New Directions in Theory and Practice. Thousand Oaks, CA：Sage Publications, 1994：21 – 71.

② Thompson, C G, Aric Rindfleisch and Zeynep Arsel. Emotional Branding and the Strategic Value of the Brand Image. Journal of Marketing, 2006, 70：50 – 64.

项进行补充。为确保人口统计变量的均衡，本研究共举办 3 次小组座谈，每次座谈预选 16 名被访者，为使被访者能对问题进行较为深入的探讨，在座谈开始前使用过滤性问题："您是否有过这样的经历——您曾经很喜欢某个品牌，但一段时间后对这个品牌的喜爱降到较低水平，并开始积极寻找其他可替代的品牌"，回答"有"的被访者确定为最终的被访者，回答"没有"的被访者则结束座谈，3 次小组座谈中分别有 10 名、12 名、14 名被访者参与最后的讨论。被访者的具体情况见表 5 – 9。

表 5 – 9　　　　　　　　　　被访者情况表

被访对象	性别		年龄				学历		合计（人）
	男	女	20 岁以下	20 ~ 30 岁	30 ~ 40 岁	40 岁以上	专科及以下	本科及以上	
海南大学本科生	6	4	7	3				10	10
海南大学在读硕士	5	3		7	1			8	8
海南深福科技公司	5	4		2	5	2	6	3	9
南国超市随机抽选	3	6		1	2	6	7	2	9

以上小组座谈均由主持人根据预先设计好的问题（见附表 1）以一种无结构的自然形式引导被访者进行开放、深入的讨论，每组座谈持续时间为 50 ~ 60 分钟。

通过国外已有问卷研究的收集、国内外相关研究题项的整理、小组座谈会的补充共获得 101 个题项。删除重复语义及表述不适当的题项后共得 39 个题项（见附表 2）。

二、问卷的设计及试测实施

问卷由两部分组成,第一部分是通过收集、整理和补充得到的 39 个题项,以李克特 5 点量表对这 39 个题项进行测量,1~5 分别代表非常不同意、不同意、一般、同意、非常同意。问卷第二部分是被访者个人信息。

本次调查抽取的样本是海南大学学生。一共发放问卷 150 份,收回问卷 144 份,回收率达到 96%;通过过滤性问题回答的样本为 112 份,合格率 74.6%;样本中男生占 48%,女生占 52%;大一学生占 22%、大二学生占 53.3%、大三学生占 20.9%、大四学生占 3.7%。

首先运用相关系数(CITC)来净化题项;其次检验量表的信度。信度反映的是测量结果的一致性或者稳定性。本书利用 Cronbach's α 系数检验量表的信度,如果删除某些测量题项可以显著提高 Cronbach's α 值则考虑删除该题项;最后,通过探索性因子分析检验量表的效度。

1. 相关系数分析

如果 CITC 小于 0.5,则删除该题项。经过 CITC > 0.5 的筛选,剩余 20 个题项(见表 5 - 10)。

表 5 - 10　　　　品牌隔离初始量表和信度检验分析结果

序号	题项	CITC	Cronbach's α
1	我现在很少想起这个品牌	0.618	0.940
2	我不再被这个品牌吸引	0.700	0.939
3	我不再喜欢这个品牌	0.807	0.938
4	我不再对这个品牌有亲切感	0.732	0.939
5	这个品牌不值得信赖	0.753	0.938

续表

序号	题项	CITC	Cronbach's α
6	我不再觉得这个品牌有那么好	0.776	0.938
7	我不再觉得与这个品牌打交道有那么愉悦	0.730	0.939
8	我不再满意这个品牌的产品设计	0.626	0.940
9	这个品牌的产品质量、功能不好	0.599	0.940
10	这类产品中有没有这个品牌不重要（没关系）	0.613	0.940
11	这个品牌对我来说可有可无	0.613	0.940
12	对这个品牌的产品我只看不买	0.599	0.940
13	这个品牌给我发来新品短信时，我会自动屏蔽它	0.586	0.940
14	在看到这个品牌的产品时，我的眼光变得很挑剔	0.519	0.941
15	我不再满意这个品牌的产品	0.657	0.940
16	我对这个品牌没有好感	0.666	0.939
17	这个品牌的功能和性能没有想象中那么好	0.671	0.939
18	没有什么能煽动我优先购买这个品牌	0.710	0.939
19	我对这个品牌再也没有感情了	0.763	0.938
20	我不再关注这个品牌	0.651	0.940

2. 量表的信度分析

利用 SPSS18.0 对量表进行信度分析，所得结果如表 5 - 10 所示。整份量表的 Cronbach's α 值是 0.942，各题项的 Cronbach's α 值均大于 0.9，得分非常理想，表明问卷可信。

3. 问卷的效度分析和因子分析

整份问卷的 KMO 值是 0.868，根据统计学家凯瑟尔（Kaiser）提出的标准，当 0.8 < KMO 时，说明量表可以做因子分析，且 KMO 的值越接近于 1 越适合。Bartllet's 球形检验的 p 值为 0.000，小于显著性水平 0.05，再次验证量表适合做因子分析。

表 5 - 11 是将 20 个变量利用最大方差旋转法进行正交旋转后得到的主成分矩阵，按特征根大于 1 的方法抽取，将 20 个变量划分为

4 个主成分，可累计解释的方差为 69.205%。努纳利（Nunnally）认为，旋转后因子负荷值小于 0.4 或者同时在两个因子上的负荷值都大于 0.4 的题项应被删除。第一因子中序号为 5、12、6、3 的题项在两个因子上的载荷均大于 0.4，所以将其删掉；第二个因子中序号为第 9、7 的题项在两个因子上的载荷均大于 0.4，应该删除；第四个因子中序号为 8 的题项在两个因子上的载荷大于 0.4，应该删除（见表 5-11）。

表 5-11　品牌隔离初始量表因子分析结果（第一次正交旋转）

序号	题项	成分			
		1	2	3	4
20	我不再关注这个品牌	0.703	0.157	0.221	0.193
4	我不再对这个品牌有亲切感	0.695	0.271	0.300	0.236
18	没有什么能煽动我优先购买这个品牌	0.682	0.335	0.225	0.187
5	这个品牌不值得依赖	0.660	0.428	0.256	0.212
19	我对这个品牌没有感情了	0.636	0.335	0.127	0.325
12	对这个品牌的产品我只看不买	0.577	0.080	0.098	0.442
6	我不再得这个品牌有那么好	0.533	0.478	0.330	0.245
3	我不再喜欢品牌	0.502	0.466	0.511	0.164
16	对于这个品牌我没好感	0.202	0.789	0.217	0.221
2	我不再被这个品牌吸引	0.201	0.538	0.127	0.383
9	这个品牌的产品功能质量不好	0.481	0.669	0.158	-0.141
7	我不再觉得与这个品牌打交道有那么愉悦	0.219	0.634	0.456	0.275
17	这个品牌的功能和性能没有想象中有那么好	0.362	0.633	0.196	0.210
15	我不再满意这个品牌的产品	0.231	0.287	0.801	0.153
1	我现在很少想起这个品牌	0.302	-0.082	0.766	0.163
11	这个品牌对我来说可有可无	0.129	0.370	0.727	0.099
13	这个品牌发短信自动屏蔽它	0.336	0.031	0.234	0.793

序号	题项	成分			
		1	2	3	4
14	现在看到位这个品牌眼光很挑剔	0.327	0.397	-0.119	0.594
10	这类产品中有没有这个品牌已经不重要	0.201	0.327	0.267	0.578
8	我不再满意这个品牌的产品设计	0.102	0.298	0.456	0.550

删减后，对剩余的 13 个题项进行分析，p 值是 0.000 < 0.01，说明各题项都能成功地鉴别高低分组。进行内部一致性分析，各题项在 0.01 的显著水平下均相关，表明问卷的内部一致性较好。然后对剩余的 13 个题项进行信度和效度分析，整份问卷的 KMO 值是 0.875，结果依然符合要求，采用正交旋转的主成分分析法提取因子，按特征根大于 1 的方法抽取，能够提取 2 个公因子，累计解释方差为 60.73%。旋转后各题项上的因子载荷均有所提高，第一个因子中序号为 4、18、20 题项在两个因子上的载荷均大于 0.4，所以将其删掉（见表 5 - 12）。

表 5 - 12　品牌隔离初始量表因子分析结果（第二次正交旋转）

序号	题项	成分	
		1	2
1	我现在很少想起这个品牌	0.118	0.876
15	我不再满意这个品牌的产品	0.284	0.826
4	我不再对这个品牌有亲切感	0.609	0.483
10	这类产品中有没有这个品牌已经不重要了	0.583	0.346
11	这个品牌对我来说可有可无	0.295	0.756
13	这个品牌发短信自动屏蔽它	0.550	0.320
14	现在看到位这个品牌眼光很挑剔	0.801	0.020

续表

序号	题项	成分	
		1	2
2	我不再被这个品牌吸引	0.608	0.169
16	对于这个品牌我没好感	0.733	0.237
17	这个品牌的功能和性能没有想象中有那么好	0.656	0.284
18	没有什么能煽动我优先购买这个品牌	0.643	0.442
19	我对这个品牌没有感情了	0.788	0.317
20	我不再关注这个品牌	0.535	0.423

删减后，对剩余的 10 个题项进行分析，p 值是 0.000 < 0.01，说明各题项都能成功地鉴别高低分组。进行内部一致性分析，各题项在 0.01 的显著水平下均相关，表明问卷的内部一致性较好。然后对剩余的 10 个题项进行信度和效度分析，问卷的 Cronbach's α 值是 0.879，每个题项的 Cronbach's α 值均大于 0.5，说明问卷可信。整份问卷的 KMO 值是 0.84，Bartllet's 球形检验的 p 值是 0.000，说明问卷的效度依然很好。采用正交旋转的主成分分析法提取因子，依然能够提取 2 个公因子，累计解释 63.87% 的方差。旋转后因子负荷值均大于 0.4，且没有同时在两个因子上负荷值都大于 0.4 的题项出现（见表 5 – 13）。

表 5 – 13　　　　　　　　　　品牌隔离最终量表

序号	题项	成分	
		1	2
14	现在看到位这个品牌眼光很挑剔（BD9）	0.832	0.194
18	我对这个品牌没有感情了（BD10）	0.800	0.019
16	我对这个品牌没有好感（BD2）	0.763	0.285
17	这个品牌的功能和性能没有想象中有那么好（BD3）	0.756	0.260

序号	题项	成分	
		1	2
10	这类产品中有没有这个品牌已经不重要（BD7）	0.668	0.302
2	我不再被这个品牌吸引（BD5）	0.608	0.355
13	这个品牌发短信自动屏蔽它（BD6）	0.560	0.315
1	我现在很少想起这个品牌（BD8）	0.119	0.870
15	我不再满意这个品牌的产品（BD1）	0.302	0.846
11	这个品牌对我来说可有可无（BD4）	0.308	0.772

第一个因子包括"现在看到位这个品牌眼光很挑剔""我对这个品牌没有感情了""我不再被这个品牌吸引""这个品牌的功能和性能没有想象中有那么好""这类产品中有没有这个品牌已经不重要了""这个品牌发短信自动屏蔽它""我对这个品牌没有好感"七个题项，这些题项表明了对品牌情感反应消失的特点，因此将此因子命名为"品牌隔离情感因子"；第二个因子包括"我现在很少想起这个品牌""我不再满意这个品牌的产品""这个品牌对我来说可有可无"三个题项，这些题项都与认知有关，因此将此因子命名为"品牌隔离认知因子"。

第三节　预　调　研

为了验证上述各测量量表题项的合理性，本研究在 2016 年 4 月开展了一次预调研。本次调研通过问卷星回收问卷 113 份，通过现场发放、现场回收的方式收回问卷 50 份，总共 163 份问卷，其中过滤性问题"您是否有过这样的经历：您曾经很喜欢某个品牌，但一段时间后对这个品牌的喜爱降到较低水平，并开始积极寻找其他可替代的品牌"剔除问卷 18 份，剔除无效问卷 15 份，最终获得有效问卷

130 份。

预调研问卷由两部分组成，第一部分是包括各题项的测量量表，以 5 级李克特量表进行测量，从 1 到 5 分别代表非常不同意、不同意、一般、同意、非常同意。问卷第二部分是被访者个人信息，包括性别、年龄、学历及收入水平等。

130 份有效样本中男性 69 人，占样本总数的 53.07%，女性 61 人，占样本总数的 46.93%；20 岁以下 25 人，占样本总数的 19.23%，20~30 岁 46 人，占样本总数的 35.38%，30~40 岁 30 人，占样本总数的 23.08%，40~50 岁 17 人，占样本总数的 13.07%，50 岁以上 10 人，占样本总数的 7.69%；专科及以下学历 38 人，占样本总数的 29.23% 本科及以上学历 92 人，占样本总数的 70.77%；可支配收入 3000 元以下的 98 人，占样本总数的 75.38%，可支配收入 3000 元以上的 32 人，占样本总数的 24.62%。

一、测量量表的信度检验

信度反映的是测量结果的稳定性和一致性，信度越高说明题项的精确性越高。当一个量表由多个题项构成时，通常采用一致性分析，而 Cronbach's α 系数是进行一致性分析最常用的方法，当一个量表的 Cronbach's α 系数大于 0.7，说明这个量表具有较好的信度，Cronbach's α 系数可以小于 0.7，但被接受的最小值是 0.6；此外，还可以通过相关系数（corrected-item total correlation，CITC）来净化题项，如果某一题项的相关系数小于 0.5，则可以考虑删除该题项。本研究综合运用这两个系数来判断是否该删除某一题项，删除某一题项的标准是：CITC 值低于 0.5，同时删除该题项后的 Cronbach's α 值必须随之增大。

（一）品牌个性的 CITC 及信度

利用预调研的数据来进行信度分析，分析结果见表 5 - 14。品牌个性变量的信度系数为 0.914，超过了 0.7 的判断标准。分析结果显示品牌个性这个变量中只有 BP1 测项的 CITC 小于 0.5，但是删除这个测项后整个量表的信度系数没有超过 0.914，因此保留该测项。品牌个性量表的测项经过 CITC 检验后仍为 15 个（见表 5 - 14）。

表 5 - 14　　品牌个性量表的 CITC 值及 Cronbach's α 系数表

变量	Cronbach's α	题项	CITC	删除该项后的 Cronbach's α
品牌个性	0.914	BP1	0.480	0.913
		BP2	0.576	0.910
		BP3	0.553	0.910
		BP4	0.681	0.906
		BP5	0.720	0.905
		BP6	0.694	0.906
		BP7	0.710	0.905
		BP8	0.574	0.910
		BP9	0.634	0.908
		BP10	0.654	0.907
		BP11	0.566	0.910
		BP12	0.554	0.911
		BP13	0.654	0.907
		BP14	0.611	0.909
		BP15	0.592	0.909

（二）现实自我的 CITC 及信度

利用预调研的数据来进行信度分析，分析结果见表 5 - 15。现实自我的信度系数为 0.842，超过了 0.7 的判断标准。分析结果显示现实自我这个变量中 ASC1、ASC2、ASC3、ASC6、ASC8、ASC9、ASC12、ASC14、ASC15 9 个测项的 CITC 都小于 0.5，但是删除这些测项或任何一个测项后整个量表的信度系数没有超过 0.842，因此考虑保留所有测项。现实自我量表的测项经过 CITC 检验后仍为 15 个（见表 5 – 15）。

表 5 – 15　　现实自我量表的 CITC 值及 Cronbach's α 系数表

变量	Cronbach's α	题项	CITC	删除该项后的 Cronbach's α
现实自我	0.842	ASC1	0.328	0.840
		ASC2	0.391	0.838
		ASC3	0.459	0.834
		ASC4	0.601	0.826
		ASC5	0.564	0.827
		ASC6	0.392	0.839
		ASC7	0.538	0.829
		ASC8	0.435	0.836
		ASC9	0.494	0.832
		ASC10	0.637	0.825
		ASC11	0.505	0.831
		ASC12	0.381	0.839
		ASC13	0.631	0.823
		ASC14	0.341	0.841
		ASC15	0.415	0.836

（三）理想自我的 CITC 及信度

利用预调研的数据来进行信度分析，分析结果见表 5 – 16。理想自我的信度系数为 0.933，超过了 0.7 的判断标准。分析结果显示这个变量中 ISC8、ISC14 两个题项的 CITC 都小于 0.5，若删去这两个测项，整个量表的信度系数将提高到 0.939；删除 ISC8、ISC14 两个题项后再进行信度分析，发现 ISC7 题项的 CITC 又小于 0.5，若删除这个测项，整个量表的信度系数将提高到 0.945，其余测项均呈理想状态。因此，经过 CITC 检验后理想自我量表的测项只剩下 12 个（见表 5 - 16）。

表 5 - 16　　理想自我量表的 CITC 值及 Cronbach's α 系数表

变量	Cronbach's α	题项	CITC	删除该项后的 Cronbach's α
理想自我	0.933 （删除测项前）	ISC1	0.771	0.926
		ISC2	0.679	0.928
		ISC3	0.705	0.928
		ISC4	0.715	0.927
		ISC5	0.815	0.925
		ISC6	0.700	0.928
		ISC7	0.564	0.933
		ISC8	0.490	0.936
		ISC9	0.706	0.928
		ISC10	0.782	0.926
		ISC11	0.752	0.926
		ISC12	0.790	0.926
		ISC13	0.645	0.929
		ISC14	0.457	0.935
		ISC15	0.711	0.927
	0.939 （删除 ISC8、 ISC14 测项后）	ISC1	0.794	0.932
		ISC2	0.687	0.935
		ISC3	0.702	0.934
		ISC4	0.750	0.933
		ISC5	0.846	0.930
		ISC6	0.712	0.934
		ISC7	0.496	0.945
		ISC9	0.692	0.935

续表

变量	Cronbach's α	题项	CITC	删除该项后的 Cronbach's α
	0.939（删除 ISC8、ISC14 测项后）	ISC10	0.789	0.932
		ISC11	0.766	0.933
		ISC12	0.803	0.932
		ISC13	0.656	0.936
		ISC15	0.720	0.934
理想自我	0.945（删除 ISC8、ISC14、ISC7 测项后）	ISC1	0.787	0.938
		ISC2	0.690	0.942
		ISC3	0.704	0.941
		ISC4	0.750	0.940
		ISC5	0.863	0.936
		ISC6	0.733	0.940
		ISC9	0.702	0.941
		ISC10	0.785	0.939
		ISC11	0.769	0.939
		ISC12	0.799	0.938
		ISC13	0.638	0.944
		ISC15	0.730	0.940

（四）消费者感知价值的 CITC 及信度

利用预调研的数据来进行信度分析，分析结果见表 5-17。感知价值变量的信度系数为 0.908，超过 0.7 的判断标准。分析表明消费者感知价值这一变量的每一测项的 CITC 值都大于 0.5，并且删除任何一个题项，整个量表的信度系数都不会超过 0.908，说明感知价值量表符合信度标准，不做出任何调整，感知价值量表由 6 个题项构成（见表 5-17）。

表 5 – 17　　感知价值量表的 CITC 值及 Cronbach's α 系数表

变量	Cronbach's α	题项	CITC	删除该项后的 Cronbach's α
感知价值	0.908	CPV1	0.792	0.885
		CPV2	0.757	0.890
		CPV3	0.663	0.904
		CPV4	0.850	0.876
		CPV5	0.733	0.894
		CPV6	0.682	0.901

（五）消费者感知风险的 CITC 及信度

利用预调研收集的数据来进行信度分析，分析结果见表 5 – 18。感知风险变量的信度系数为 0.769，超过了判断标准 0.7。其中测项 CPR5 的 CITC 系数小于 0.5，删除这一项后整个量表的信度系数提高到 0.773，其余测项均呈理想状态。因此，感知风险量表由 5 个题项构成（见表 5 – 18）。

表 5 – 18　　感知风险量表的 CITC 值及 Cronbach's α 系数表

变量	Cronbach's α	题项	CITC	删除该项后的 Cronbach's α
感知风险	0.769（删除测项前）	CPR1	0.559	0.722
		CPR2	0.530	0.730
		CPR3	0.675	0.688
		CPR4	0.518	0.734
		CPR5	0.337	0.773
		CPR6	0.460	0.750

变量	Cronbach's α	题项	CITC	删除该项后的 Cronbach's α
感知风险	0.773（删除测项CPR5后）	CPR1	0.606	0.710
		CPR2	0.516	0.741
		CPR3	0.686	0.679
		CPR4	0.461	0.758
		CPR6	0.465	0.760

（六）初始品牌关系质量的 CITC 及信度

利用预调研所得数据来进行信度分析，分析结果见表 5－19。初始品牌关系质量变量的信度系数为 0.840，超过了 0.7，说明变量信度较佳。分析表明初始品牌关系质量这一变量的每一测项 CITC 系数都大于 0.5，并且单独删除任何一项后整个量表的信度系数都不会超过 0.840，说明初始品牌关系质量量表不需要做任何调整。因此，初始品牌关系质量量表由 5 个题项构成（见表 5－19）。

表 5－19　　初始品牌关系质量量表的 CITC 值及 Cronbach's α 系数表

变量	Cronbach's α	题项	CITC	删除该项后的 Cronbach's α
初始品牌关系质量	0.840	IBR1	0.685	0.797
		IBR2	0.600	0.821
		IBR3	0.644	0.808
		IBR4	0.599	0.820
		IBR5	0.697	0.793

（七）消费者风险态度的 CITC 及信度

利用预调研获得的数据来进行信度分析，分析结果见表 5－20。消费者风险态度量表的信度系数为 0.634，没有超过 0.7。其中测项

CRA1、CRA2、CRA4、CRA5、CRA6 的 CITC 小于 0.5，但只有删除
CRA6 项后整个量表的信度系数会提高，将 CRA6 项删除后整个量表
的信度系数提高到 0.727，此时，如果再删除 CRA2 项后整个量表的
信度系数会再次提高，将 CRA2 项删除后整个量表的信度系数提高到
0.736，CRA4 项的 CITC 值仍低于 0.5，但删除项整个量表的系数没
有提高，因此将此项保留，其余测项均成理想状态。风险态度的测项
经过 CITC 检验后剩下 4 个（见表 5 - 20）。

表 5 - 20　　风险态度量表的 CITC 值及 Cronbach's α 系数表

变量	Cronbach's α	题项	CITC	删除该项后的 Cronbach's α
风险态度	0.634 （删除测项前）	CRA1	0.387	0.585
		CRA2	0.473	0.546
		CRA3	0.512	0.553
		CRA4	0.440	0.561
		CRA5	0.454	0.566
		CRA6	0.118	0.727
	0.727 （删除测项 CRA6 后）	CRA1	0.452	0.693
		CRA2	0.368	0.736
		CRA3	0.603	0.645
		CRA4	0.510	0.672
		CRA5	0.561	0.655
	0.736 （删除测项 CRA6、 CRA2 后）	CRA1	0.530	0.676
		CRA3	0.552	0.668
		CRA4	0.478	0.717
		CRA5	0.578	0.651

（八）品牌隔离量表的 CITC 及信度

利用预调研收集的数据来进行信度分析，分析结果见表 5 - 21。

品牌隔离量表的信度系数为 0. 923，超过了 0. 7。分析结果表明品牌隔离量表这一变量中每一测项的 CITC 系数都大于 0. 5，而且单独删除任何一项后整个量表的信度系数没有超过 0. 923，说明品牌隔离量表不需要做出任何调整，品牌隔离量表的测项经过 CITC 检验后仍为10 个（见表 5 – 21）。

表 5 – 21　　品牌隔离量表的 CITC 值及 Cronbach's α 系数表

变量	Cronbach's α	题项	CITC	删除该项后的 Cronbach's α
品牌隔离	0. 923	BD1	0. 646	0. 918
		BD9	0. 698	0. 915
		BD10	0. 657	0. 917
		BD2	0. 762	0. 912
		BD3	0. 765	0. 912
		BD7	0. 717	0. 914
		BD6	0. 720	0. 914
		BD8	0. 724	0. 914
		BD5	0. 667	0. 917
		BD4	0. 712	0. 914

（九）品牌内在因素的 CITC 及信度

利用预调研获得的数据来进行信度分析，分析结果见表 5 – 22。品牌内在因素的信度系数为 0. 565，没有超过 0. 7。其中测项 IFB1、IFB2、IFB3、IFB4、IFB5 的 CITC 值小于 0. 5，但只有删除 IFB3、IFB5 项后整个量表的信度系数会提高，将这两项删除后整个量表的信度系数提高到 0. 668。此时，如果再删除 IFB2 项后整个量表的信度系数会再次提高，将 IFB2 项删除后整个量表的信度系数提高到0. 711，IFB1、IFB 项的 CITC 值仍低于 0. 5，但删除这两项整个量表的系数没有提高，因此将两项保留，其余测项均呈理想状态。品牌内在因素的测项经过 CITC 检验后剩下 4 个（见表 5 – 22）。

表 5 – 22　品牌内在因素量表的 CITC 值及 Cronbach's α 系数表

变量	Cronbach's α	题项	CITC	删除该项后的 Cronbach's α
品牌内在因素	0.565 （删除测项前）	IFB1	0.308	0.519
		IFB2	0.265	0.535
		IFB3	0.021	0.626
		IFB4	0.274	0.534
		IFB5	0.115	0.585
		IFB6	0.556	0.423
		IFB7	0.562	0.420
	0.668 （删除测项 IFB3、 IFB5 后）	IFB1	0.362	0.641
		IFB2	0.288	0.711
		IFB4	0.330	0.660
		IFB6	0.551	0.555
		IFB7	0.601	0.530
	0.711 （删除测项 IFB3、IFB5、 IFB2 后）	IFB1	0.368	0.655
		IFB4	0.496	0.710
		IFB6	0.576	0.520
		IFB7	0.603	0.501

（十）消费者个人因素的 CITC 及信度

利用预调研获得的数据来进行信度分析，分析结果见表 5 – 23。消费者个人因素的信度系数为 0.804，超过 0.7。量表中每个题项的 CICT 值都大于 0.5，并且删除任何一项量表的系数都没有提高，说明不需要对量表进行修改。因此，消费者个人因素量表由 3 个题项构成（见表 5 – 23）。

表 5 – 23   消费者个人因素量表的 CITC 值及 Cronbach's α 系数表

变量	Cronbach's α	题项	CITC	删除该项后的 Cronbach's α
消费者个人因素	0.804	CPF1	0.630	0.801
		CPF2	0.614	0.708
		CPF3	0.599	0.720

通过信度检验之后，共删除九个题项，其中理想自我量表中删除 ISC8、ISC14、ISC7 三个题项，感知风险量表中删除 CPR5 题项，风险态度量中删除 CRA6、CRA2 两个题项，品牌内在因素删除 IFB3、IFB5、IFB2 三个题项。

二、测量量表的效度检验

效度就是评价观察变量能够在多大程度上衡量出测量对象。效度检验通常使用探索性因子分析中的因素负荷量、KMO 样本检验和 Bartlett 球形检验：一般来说只有当某一题项的因素负荷量大于 0.5 时才能保留题项；量表的 KMO 大于 0.7 并且 Bartlett 球形检验的统计值概率小于等于显著性水平时，才进行因子分析。结合以上的判断标准，本研究结合下面三个标准删除不符合要求的题项：一是因子负荷小于 0.5；二是具有较高交叉载荷，即某一题项在一个维度的因子载荷值高于 0.5，而且在其他维度中的载荷值超过 0.4；三是保留该题项导致因子累积贡献率小于 50%。

（一）品牌个性的因素载荷分析

在信度分析中，理想自我变量删除了三个题项，品牌个性和现实自我两个变量没有删除题项，但为保持消费者自我概念一致性对应性便于测量，将品牌个性与现实自我变量中相应的三个题项也分别删除。因此，品牌个性、现实自我、理想自我分别剩余 12 个题项。

用预调研数据对品牌个性进行因素载荷分析，分析结果表明品牌

个性量表的 KMO 值等于 0.878，Bartlett 球形检验统计值概率等于
0.000，两个指标都符合判断标准，因此该量表的各测项可以作因子
分析，采用主成分分析法来提取因子，以方差最大法作因子旋转。第
一次旋转结果见表 5 - 24，结果显示 BP9 题项在第一个维度上的因子
载荷值大于 0.5，而且第二个维度中的载荷值大于 0.4，符合第二个
删除标准，因此考虑将该题项删除。再进行第二次旋转，第二次旋转
后品牌个性量表的 KMO 值等于 0.879，Bartlett 球形检验统计值概率
等于 0.000，说明删除 BP9 题项后的量表仍适宜作因子分析，分析结
果显示各题项都符合判断要求，不需要对任何题项进行删除。因此，
经过信度分析后，品牌个性量表由 11 个题项构成（见表 5 - 24）。

表 5 - 24　　　　　　　　品牌个性因素负荷分析表

题项	初始因素负荷		最终因素负荷	
BP1	0.689	0.156	0.703	0.154
BP2	0.840	0.153	0.837	0.153
BP3	0.787	0.206	0.776	0.208
BP4	0.667	0.342	0.664	0.441
BP5	0.353	0.642	0.388	0.632
BP6	0.290	0.780	0.318	0.769
BP7	0.191	0.849	0.202	0.848
BP9（删）	0.619	0.415		
BP10	0.191	0.755	0.164	0.763
BP11	0.207	0.607	0.178	0.617
BP13	0.508	0.381	0.524	0.419
BP15	0.595	0.364	0.617	0.355
解释方差	59.551%		60.415%	
KMO	0.878		0.879	
Bartlett 检验卡方值	791.212		889.817	
显著性概率	0.000		0.000	

（二）现实自我的因素载荷分析

用小样本数据对现实自我进行因素载荷分析，分析结果表明现实自我量表的 KMO 值等于 0.825，Bartlett 球形检验卡方值显著性概率等于 0.000，两个指标都符合判断标准，因此本量表的各测项适合因子分析，采用主成分分析法来提取因子，以方差最大法作因子旋转。第一次旋转结果见表 5 – 25，结果显示 ASC3、ASC6 两个题项的因素负荷小于 0.5，考虑将这两个题项删除；ASC9 题项在第二个维度上的因子载荷大于 0.5，而且在第三个维度上的因子载荷也大于 0.4。同样，ASC10 题项在第一个维度上的因子载荷大于 0.4，在第二个维度上的因子载荷大于 0.5，ASC9、ASC10 的情况符合第二个删除标准，因此考虑将这两个题项删除。删除完这四个题项后再进行第二次旋转，第二次旋转后结果显示量表的 KMO 值等于 0.775，其样本的分布球形 Bartlett 检验卡方值显著性概率是 0.000，说明删除四个题项后的现实自我量表仍适合作因子分析，分析结果显示各题项都符合判断要求，不需要对任何题项进行删除。因此，经过信度分析后现实自我量表由 8 个题项构成（见表 5 – 25）。

表 5 – 25　　　　　　　　现实自我因素负荷分析表

题项	初始因素负荷			最终因素负荷		
ASC1	0.039	0.153	0.775	0.077	0.832	0.145
ASC2	0.114	0.132	0.826	0.175	0.832	0.114
ASC3（删）	0.408	0.220	0.417			
ASC4	0.773	0.052	0.346	0.784	0.293	− 0.050
ASC5	0.646	0.266	0.033	0.672	0.031	0.216
ASC6（删）	0.416	0.213	0.156			
ASC7	0.573	0.280	0.170	0.636	0.145	0.139
ASC9（删）	0.218	0.552	0.434			

续表

题项	初始因素负荷			最终因素负荷		
ASC10（删）	0.414	0.676	0.189			
ASC11	0.304	0.544	0.110	0.321	0.151	0.653
ASC13	0.753	0.136	0.194	0.773	0.141	0.087
ASC15	0.018	0.829	0.100	0.047	0.153	0.871
解释方差	56.207%			62.308%		
KMO	0.825			0.775		
Bartlett 检验卡方值	443.994			258.926		
显著性概率	0.000			0.000		

（三）理想自我的因素载荷分析

用预调研数据对理想自我进行因素载荷分析，分析结果表明理想自我量表的 KMO 值等于 0.935，Bartlett 球形检验卡方值显著性概率是 0.000，两个指标都符合判断标准，说明此量表的各测项可以作因子分析。采用主成分分析法来提取因子，以方差最大法作因子旋转。分析结果显示各题项都符合判断要求，不需要对任何题项进行删除。因此，经过信度分析后理想自我量表由 11 个题项构成（见表 5 - 26）。

表 5 - 26 感知价值因素负荷分析表

题项	最初因素负荷	最终因素负荷
ISC1	0.828	0.828
ISC2	0.742	0.742
ISC3	0.752	0.752
ISC4	0.792	0.792
ISC5	0.894	0.894
ISC6	0.781	0.781

续表

题项	最初因素负荷	最终因素负荷
ISC9	0.753	0.753
ISC10	0.823	0.823
ISC11	0.814	0.814
ISC12	0.839	0.839
ISC13	0.690	0.690
解释方差	62.806%	62.806%
KMO	0.935	0.935
Bartlett 检验卡方值	1 149.212	1 149.212
显著性概率	0.000	0.000

（四）感知价值的因素载荷分析

用预调研数据对感知价值进行因素载荷分析，分析结果表明感知价值量表的 KMO 值等于 0.879，Bartlett 球形检验卡方值显著性概率是 0.000，两个指标都符合判断标准，说明此量表的各测项可以作因子分析。采用主成分分析法来提取因子，以方差最大法作因子旋转。分析结果显示各题项都符合判断要求，不需要对任何题项进行删除。因此，经过信度分析后感知价值量表由 6 个题项构成（见表 5-27）。

表 5-27　　　　　　　　感知价值因素负荷分析表

题项	最初因素负荷	最终因素负荷
CPV1	0.865	0.865
CPV2	0.837	0.837
CPV3	0.760	0.760
CPV4	0.905	0.905
CPV5	0.818	0.818
CPV6	0.778	0.778

续表

题项	最初因素负荷	最终因素负荷
解释方差	68.679%	68.679%
KMO	0.879	0.879
Bartlett 检验卡方值	497.657	497.657
显著性概率	0.000	0.000

（五）感知风险的因素载荷分析

用预调研数据对感知风险进行因素载荷分析，分析结果表明感知风险量表的 KMO 值等于 0.736，Bartlett 球形检验卡方值显著性概率是 0.000，两个指标都符合判断标准，说明此量表的各测项可以作因子分析。采用主成分分析法来提取因子，以方差最大法作因子旋转。分析结果显示各题项都符合判断要求，不需要对任何题项进行删除。因此，经过信度分析后感知风险量表由 5 个题项构成（见表 5 - 28）。

表 5 - 28　　　　　　　　感知风险因素负荷分析表

题项	最初因素负荷	最终因素负荷
CPR1	0.783	0.783
CPR2	0.697	0.697
CPR3	0.843	0.843
CPR4	0.644	0.644
CPR6	0.645	0.645
解释方差	52.681%	52.681%
KMO	0.736	0.736
Bartlett 检验卡方值	176.663	176.663
显著性概率	0.000	0.000

（六）初始品牌关系质量的因素载荷分析

用预调研数据对初始品牌关系质量进行因素载荷分析，分析结果表明初始品牌关系质量量表的 KMO 值等于 0.783，Bartlett 球形检验卡方值显著性概率是 0.000，两个指标都符合判断标准，说明此量表的各测项可以作因子分析。采用主成分分析法来提取因子，以方差最大法作因子旋转。分析结果显示各题项都符合判断要求，不需要对任何题项进行删除。因此，经过信度分析后初始品牌关系质量量表由 5个题项构成（见表 5 - 29）。

表 5 - 29　　　　　　　　　初始品牌关系质量因素负荷分析表

题项	最初因素负荷	最终因素负荷
IBR1	0.655	0.655
IBR2	0.562	0.562
IBR3	0.611	0.611
IBR4	0.556	0.556
IBR5	0.675	0.675
解释方差	62.217%	62.217%
KMO	0.785	0.785
Bartlett 检验卡方值	261.502	261.502
显著性概率	0.000	0.000

（七）消费者风险态度的因素载荷分析

用预调研数据对风险态度进行因素载荷分析，分析结果表明风险态度量表的 KMO 值等于 0.935，Bartlett 球形检验卡方值显著性概率是 0.000，两个指标都符合判断标准，说明此量表的各测项可以作因子分析。采用主成分分析法来提取因子，以方差最大法作因子旋转。分析结果显示各题项都符合判断要求，不需要对任何题项进行删除。

因此，经过信度分析后风险态度量表由 4 个题项构成（见表 5 - 30）。

表 5 - 30　　　　　　　消费者风险态度因素负荷分析表

题项	最初因素负荷	最终因素负荷
CRA1	0.751	0.751
CRA3	0.771	0.771
CRA4	0.697	0.697
CRA5	0.789	0.789
解释方差	56.7017%	56.7017%
KMO	0.764	0.764
Bartlett 检验卡方值	107.754	107.754
显著性概率	0.000	0.000

（八）品牌隔离的因素载荷分析

用预调研数据对品牌隔离进行因素载荷分析，分析结果表明品牌隔离量表的 KMO 值等于 0.917，Bartlett 球形检验卡方值显著性概率等于 0.000，两个指标都符合判断标准，因此本量表的各测项适合作因子分析，采用主成分分析法来提取因子，以方差最大法作因子旋转。第一次旋转结果见表 5 - 26，结果显示 BD4 题项在第一个维度上的因子载荷大于 0.5，并且在第二个维度上的因子载荷也大于 0.4。同样，BD5 题项在第一个维度上的因子载荷大于 0.5，在第二个维度上的因子载荷大于 0.4，BD4、BD5 的情况符合第二个删除标准，因此考虑将这两个题项删除。删除完这两个题项后再进行第二次旋转，第二次旋转后结果显示量表的 KMO 值等于 0.881，其样本的分布球形 Bartlett 检验卡方值显著性概率是 0.000，说明删除两个题项后的品牌隔离量表仍适合作因子分析，分析结果显示各题项都符合判断要求，不需要对任何题项进行删除。因此，经过信度分析后品牌隔离量表由 8 个题项构成（见表 5 - 31）。

表 5 - 31 品牌隔离因素负荷分析表

题项	初始因素负荷		最终因素负荷	
BD1	0.206	0.786	0.227	0.791
BD2	0.256	0.791	0.282	0.822
BD3	0.250	0.767	0.271	0.764
BD4 （删）	0.526	0.612		
BD5 （删）	0.562	0.574		
BD6	0.784	0.237	0.791	0.223
BD7	0.770	0.264	0.778	0.236
BD8	0.774	0.238	0.783	0.238
BD9	0.682	0.252	0.690	0.247
BD10	0.740	0.297	0.750	0.312
解释方差	64.534%		66.175%	
KMO	0.917		0.881	
Bartlett 检验卡方值	1 453.71		994.857	
显著性概率	0.000		0.000	

（九）品牌内在因素的因素载荷分析

用预调研数据对品牌内在因素进行因素载荷分析，分析结果表明品牌内在因素量表的 KMO 值等于 0.817，Bartlett 球形检验卡方值显著性概率是 0.000，两个指标都符合判断标准，说明此量表的各测项可以作因子分析。采用主成分分析法来提取因子，以方差最大法作因子旋转。分析结果显示各题项都符合判断要求，不需要对任何题项进行删除。因此，经过信度分析后品牌内在因素量表由 4 个题项构成（见表 5 - 32）。

表 5 – 32　　　　　　　　品牌内在因素负荷分析表

题项	最初因素负荷	最终因素负荷
IFB1	0.631	0.631
IFB4	0.522	0.522
IFB6	0.831	0.831
IFB7	0.853	0.853
解释方差	62.714%	62.714%
KMO	0.817	0.817
Bartlett 检验卡方值	488.147	488.147
显著性概率	0.000	0.000

（十）消费者个人因素的因素载荷分析

用预调研数据对消费者个人因素进行因素载荷分析，分析结果表明消费者个人因素量表的 KMO 值等于 0.821，Bartlett 球形检验卡方值显著性概率是 0.000，两个指标都符合判断标准，说明此量表的各测项可以作因子分析。采用主成分分析法来提取因子，以方差最大法作因子旋转。分析结果显示各题项都符合判断要求，不需要对任何题项进行删除。因此，经过信度分析后消费者个人因素量表由 3 个题项构成（见表 5 – 33）。

表 5 – 33　　　　　　　　消费者个人因素负荷分析表

题项	最初因素负荷	最终因素负荷
CPF1	0.792	0.792
CPF2	0.834	0.834
CPF3	0.683	0.683
解释方差	59.648%	59.648%
KMO	0.821	0.821
Bartlett 检验卡方值	272.29	272.29
显著性概率	0.000	0.000

（十一）外部情境因素的因素载荷分析

用预调研数据对外部情境因素进行因素载荷分析，分析结果表明消费者个人因素量表的 KMO 值等于 0.713，Bartlett 球形检验卡方值显著性概率是 0.000，两个指标都符合判断标准，说明此量表的各测项可以作因子分析。采用主成分分析法来提取因子，以方差最大法作因子旋转。分析结果显示各题项都符合判断要求，不需要对任何题项进行删除。因此，经过信度分析后外部情境因素量表由 2 个题项构成（见表 5 - 34）。

表 5 - 34　　　　　　　　　消费者个人因素负荷分析表

题项	最初因素负荷	最终因素负荷
ES1	0.839	0.839
ES22	0.839	0.839
解释方差	70.36%	70.36%
KMO	0.713	0.713
Bartlett 检验卡方值	145.61	145.61
显著性概率	0.000	0.000

经过效度分析后，共删除七个测项，其中品牌个性量表删除 BP9 测项，现实自我量表删除 ASC3、ASC6、ASC9、ASC10 四个测项，品牌隔离量表删除 BD4、BD5 两个测项。

综上所述，所有量表经过信度和效度分析后，共删除十六个测项。其中品牌个性量表删除 BP9 测项，现实自我量表删除 ASC3、ASC6、ASC9、ASC10 四个测项，理想自我量表中删除 ISC8、ISC14、ISC7 三个题项，感知风险量表中删除 CPR5 题项，风险态度量中删除 CRA6、CRA2 两个题项，品牌内在因素删除 IFB2、IFB3、IFB5 三个题项，品牌隔离量表删除 BD4、BD5 两个测项。为了保持自我概念一致性的对应性，最后品牌个性量表、现实自我量表、理想自我量表各保留八个测项；感知风险量表保留五个测项；风险态度量表保留四个测项；品牌隔离量表保留八个题项，其余量表测项不变。各量表具体测项内容详见附表4《品牌隔离（正式）调研问卷》。

第六章

数据分析与研究结果

本章在第四章研究假设及第五章预调研的基础上开展正式调研，并分析调研结果，进行假设检验。

第一节　数据收集与样本特征

一、数据收集

正式调研中数据收集方式与预调研相似，均采用纸质问卷和电子问卷两种形式。纸质问卷收回 210 份，被调查对象为海南大学经济与管理学院 2012 级、2013 级市场营销专业、2015 级环境科学专业及 2014 级农业机械化工程专业的学生。电子问卷通过问卷星平台在 QQ 群、微信群里扩散，通过问卷星共收回问卷 546 份。因此，本次正式调研共收回问卷 756 份。为了让被访者更好地对问题进行回答，问卷中引入过滤性问题"您是否有过这样的经历：您曾经很喜欢某个品牌，但一段时间后对这个品牌的喜爱降到较低水平，并开始积极寻找其他可替代的品牌"，被过滤性问题剔除的问卷有 87 份，同时，问卷中设有控制性问句"您对这个品牌的喜爱降到较低水平的原因是什么？"，答案中设有"这个品牌风格变化过于频繁""这个品牌风格一成不变"两个选项，若被访者同时选择两个选项，则该问卷无效，通过控制性问句共剔除 53 份问卷，此外，剔除被访者没有认真填写或漏答的问卷28份，本次调研最终获取有效问卷588份，问卷的有效率为77.78%。本研究拟使用结构方程模型验证假设，因此，样本数量应达到相关要求。吴明隆（2013）指明若要追求稳定的结构方程模型分析结果，受试样本数最好在200以上。本研究最后获得有效样本588份，有效问卷数量符合结构方程模型的样本数量要求。

二、样本特征

样本特征主要是对被调查者的性别、年龄、学历、可支配收入等进行描述性统计。在588个被调查者中，男性248人，占总人数的42.18%，女性340人，占总人数的57.82%；年龄20岁以下的96人，占总人数的16.33%，21～30岁的326人，占总人数的55.44%，31～40岁的110人，占总人数的18.71%，41～50岁的46人，占总人数的7.82%，50岁以上10人，占总人数的1.70%；高中以下12人，占总人数的2.04%，高中或中专的20人，占总人数的3.4%，专科25人，占总人数的4.42%，本科426人，占总人数的72.45%，硕士及以上的105人，占总人数的17.69%；月可支配收入500元以下的46人，占总人数的7.82%，月可支配收入501～1 000元的119人，占总人数的20.07%，月可支配收入1 001～2 000元的193人，占总人数的32.99%，月可支配收入2 001～3 000元的64人，占总人数的10.88%，月可支配收入3 000元的以上的166人，占总人数的28.23%；在被隔离的产品品牌中，31.63%的消费者认为曾经与某服装品牌产生过隔离，16.67%的消费者认为曾经与某化妆品品牌产生过隔离，31.97%的消费者认为曾经与某手机品牌产生过隔离，5.10%的消费者认为曾经与某零食品牌产生过隔离，6.46%的消费者认为曾经与某日用品品牌产生过隔离，2.72%的消费者认为曾经与某购物平台品牌产生过隔离，5.44%的消费者认为曾经与其他产品的某品牌产生过隔离（见表6－1）。

表 6 - 1   受访者特征

基本特征	分类	样本数目	比例（%）
性别	男性	248	42. 18
	女性	340	57. 82
年龄	20 岁以下	96	16. 33
	21 ~ 30 岁	326	55. 44
	31 ~ 40 岁	110	18. 71
	41 ~ 50 岁	46	7. 82
	50 岁以上	10	1. 70
学历	高中以下	12	2. 04
	高中或中专	20	3. 4
	专科	25	4. 42
	本科	426	72. 45
	硕士及以上	105	17. 69
月可支配收入	500 元以下	46	7. 82
	501 ~ 1 000 元	119	20. 02
	1 001 ~ 2 000 元	193	32. 82
	2 001 ~ 3 000 元	64	10. 88
	3 000 元以上	166	28. 23
隔离的产品类别	服装	186	31. 63
	化妆品	98	16. 67
	手机	188	31. 97
	零食	30	5. 10
	日用品	37	6. 46
	购物平台	17	2. 72
	其他产品	32	5. 44

第二节　正式调研的信度与效度检验

上一章分别对预调查问卷中的量表进行信度与效度检验。由于验证概念模型时，要使用正式问卷调查所得的数据，所以要再次对正式问卷中的量表进行信度和效度检验，以保证其可用性。本节使用SPSS18.0、AMOS17.O两种软件对正式问卷中涉及变量的信度和效度进行检验。首先检验变量的信度，其次测量变量的收敛效度和判别效度，最后检验变量的拟合优度。

一、信度检验

信度检验运用 Cronbach's α 和组合信度两种方法，Cronbach's α > 0.7，表明量表有较好的内部一致性；组合信度（CR）> 0.6，表明量表有较好的内部一致性。使用 SPSS 软件，利用正式调研所获数据，对各量表的信度进行计算，结果见表 6 - 2。

表 6 - 2　　　　　　　　　正式调研各量表信度分析

变量	题项	测量维度的相关系数 CITC	组合信度 CR	Cronbach's α
品牌个性	BP1	0.565	0.988	0.892
	BP2	0.676		
	BP4	0.697		
	BP5	0.686		
	BP7	0.614		
	BP11	0.723		
	BP13	0.711		
	BP15	0.682		
现实自我	ASC1	0.472	0.982	0.790
	ASC2	0.471		
	ASC4	0.580		
	ASC5	0.453		

续表

变量	题项	测量维度的相关系数 CITC	组合信度 CR	Cronbach's α
现实自我	ASC7	0.419	0.982	0.790
	ASC11	0.560		
	ASC13	0.531		
	ASC15	0.515		
理想自我	ISC1	0.732	0.985	0.911
	ISC2	0.735		
	ISC4	0.692		
	ISC5	0.744		
	ISC7	0.783		
	ISC11	0.722		
	ISC13	0.767		
	ISC15	0.543		
消费者风险态度	CRA1	0.600	0.896	0.785
	CRA3	0.612		
	CRA4	0.586		
	CRA5	0.570		
感知风险	CPR1	0.564	0.923	0.728
	CPR2	0.400		
	CPR3	0.580		
	CPR4	0.531		
	CPR6	0.385		
感知价值	CPV1	0.780	0.964	0.932
	CPV2	0.826		
	CPV3	0.783		
	CPV4	0.844		
	CPV5	0.771		
	CPV6	0.798		

变量	题项	测量维度的相关系数 CITC	组合信度 CR	Cronbach's α
初始品牌关系质量	IBR1	0.673	0.943	0.874
	IBR2	0.739		
	IBR3	0.705		
	IBR4	0.689		
	IBR5	0.707		
品牌隔离	BD1	0.560	0.988	0.875
	BD2	0.624		
	BD3	0.581		
	BD6	0.671		
	BD7	0.664		
	BD8	0.668		
	BD9	0.595		
	BD10	0.697		
品牌内在因素	IFB1	0.502	0.807	0.738
	IFB4	0.453		
	IFB6	0.579		
	IFB7	0.689		
消费者个人因素	CPF1	0.610	0.752	0.823
	CPF2	0.704		
	CPF3	0.598		
外部情境因素	ES1	0.517	0.826	0.721
	ES2	0.487		

从以上分析结果中可知，各量表的 Cronbach's α 都大于 0.7，绝大多数量表题项的 CITC 都大于 0.5，保留的 CICT 小于 0.5 的测项，都是因为删除该测项后整个量表的信度系数没有提高；组合信度（CR）都大于 0.6。因此，可以说明正式问卷有着较佳的信度。

二、效度检验

效度检验就是对模型的内敛效度、判别效度进行检验。内敛效度的检验通常使用平均变异抽取量（AVE）指标，只有 AVE 值大于 0.5，才认为潜变量有较好的内敛效度。

表 6-3 显示，各潜变量的平均变异抽取量（AVE）都大于 0.5，正式调研中所有量表符合内敛效度的要求。

表 6-3　　　　　　　　　　　　内敛效度分析

潜变量	观测变量	因素负荷量	平均变异量抽取值 AVE
品牌个性	BP1	0.658	0.573
	BP2	0.754	
	BP4	0.780	
	BP5	0.772	
	BP7	0.708	
	BP11	0.805	
	BP13	0.798	
	BP15	0.767	
现实自我	ASC1	0.816	0.503
	ASC2	0.801	
	ASC4	0.757	
	ASC5	0.714	
	ASC7	0.704	
	ASC11	0.546	
	ASC13	0.637	
	ASC15	0.658	

潜变量	观测变量	因素负荷量	平均变异量抽取值 AVE
理想自我	ISC1	0.807	0.623
	ISC2	0.812	
	ISC4	0.768	
	ISC5	0.818	
	ISC7	0.847	
	ISC11	0.798	
	ISC13	0.829	
	ISC15	0.629	
消费者风险态度	CRA1	0.621	0.501
	CRA3	0.637	
	CRA4	0.599	
	CRA5	0.578	
感知风险	CPR1	0.775	0.508
	CPR2	0.593	
	CPR3	0.794	
	CPR4	0.726	
	CPR6	0.574	
感知价值	CPV1	0.850	0.747
	CPV2	0.886	
	CPV3	0.852	
	CPV4	0.896	
	CPV5	0.839	
	CPV6	0.861	
初始品牌关系	IBR1	0.799	0.667
	IBR2	0.844	
	IBR3	0.817	
	IBR4	0.805	
	IBR5	0.819	

续表

潜变量	观测变量	因素负荷量	平均变异量抽取值 AVE
品牌隔离	BD1	0.795	0.595
	BD2	0.824	
	BD3	0.761	
	BD6	0.785	
	BD7	0.782	
	BD8	0.783	
	BD9	0.692	
	BD10	0.744	
品牌内在因素	IFB1	0.680	0.512
	IFB4	0.707	
	IFB6	0.643	
	IFB7	0.682	
消费者个人因素	CPF1	0.705	0.503
	CPF2	0.636	
	CPF3	0.749	
外部情境因素	ES1	0.813	0.703
	ES2	0.813	

判别效度一般是通过比较各潜变量的平均变异抽取 AVE 的平方根和该变量与其他变量的相关系数的大小来判断，当 AVE 的平方根大于该变量和其他变量的相关系数，则表明潜变量之间具有较好的判别效度。

表 6-4 中，对角线上是各变量的 AVE 值，对象线下方是变量与变量间的相关系数。结果显示，AVE 的平方根均大于变量间的相关系数，说明变量间的判别效度较好。

表 6 - 4　　　　　　　　　　判别效度分析

潜变量	BP	ASC	ISC	CRA	CPR	CPV	IBR	BD	IFB	CPF	ES
BP	0.756										
ASC	0.311	0.709									
ISC	0.249	0.4	0.789								
CRA	0.192	0.459	0.412	0.707							
CPR	0.203	0.326	0.292	0.315	0.712						
CPV	0.422	0.266	0.066	0.172	0.275	0.864					
IBR	0.445	0.329	0.236	0.184	0.392	0.392	0.816				
BD	0.036	0.126	0.064	0.020	0.038	0.193	0.093	0.717			
IFB	0.003	0.020	0.025	0.009	0.231	0.059	0.034	0.023	0.715		
CPF	0.245	0.179	0.189	0.051	0.057	0.034	0.143	0.005	0.015	0.709	
ES	0.148	0.190	0.191	0.019	0.108	0.066	0.057	0.024	0.078	0.422	0.838

三、拟合度分析

拟合度即分析测量模型与实际观测数据的拟合程度，通常使用验证性因子分析对测量模型的拟合度进行检验。

（一）感知价值量表

感知价值的一阶验证性因子分析结果见表 6 - 5。感知价值 6 个题项的因子负荷都大于 0.5；CMIN/DF = 1.759 < 3，达到要求；RMSEA = 0.240，小于 0.05；CFI = 0.902，NFI = 0.935，GFI = 0.920，均高于 0.9 的要求。说明感知价值一阶因子模型拟合良好，模型可以接受。

表 6 – 5　　　　　　　　　感知价值一阶验证性因子分析

变量	因子负荷（R）
感知价值 1	0.821[b]
感知价值 2	0.876 ***
感知价值 3	0.842 ***
感知价值 4	0.886 ***
感知价值 5	0.795 ***
感知价值 6	0.828 ***

拟合指数：CMIN/DF = 1.759　　RMSEA = 0.240　　CFI = 0.902　　NFI = 0.935　　GFI = 0.920

注：因子负荷量为标准化值；b 设为固定值；*** 表示 $p < 0.001$。

（二）感知风险

感知风险的一阶验证性因子分析结果见表 6 – 6。感知风险 5 个题项中第 5 个因子负荷小于 0.5；RMSEA = 0.061，大于 0.08；CFI = 0.917，NFI = 0.905，GFI = 0.820，没有都达到高于 0.9 的要求。因此，考虑将感知风险 5 因子删除，再进行一阶验证性因子分析。

表 6 – 6　　　　　　　　感知风险一阶验证性因子第一次分析

变量	因子负荷（R）
感知风险 1	0.771[b]
感知风险 2	0.566 ***
感知风险 3	0.812 ***
感知风险 4	0.626 ***
感知风险 5	0.388

拟合指数：CMIN/DF = 2.742　　RMSEA = 0.061　　CFI = 0.917　　NFI = 0.905　　GFI = 0.820

第二次一阶验证性因子分析见表 6 – 7，感知风险 4 个题项因子负荷均大于 0.5，CMIN/DF = 2.504 < 3，达到要求；RMSEA = 0.045，小于 0.05；CFI = 0.955，NFI = 0.943，GFI = 0.910，均高于 0.9 的要求。说明删除题项 5 后，感知价值一阶因子模型拟合良好，模型可以接受。

表 6 - 7　　　　　　　感知风险一阶验证性因子第二次分析

变量	因子负荷（R）
感知风险 1	0.761[b]
感知风险 2	0.576 ***
感知风险 3	0.842 ***
感知风险 4	0.613 ***

拟合指数：CMIN/DF = 2.504　　RMSEA = 0.045　　CFI = 0.955　　NFI = 0.943　　GFI = 0.910

（三）品牌隔离

品牌隔离的一阶验证性因子分析结果见表 6 - 8。品牌隔离 8 个题项的因子负荷都大于 0.5；CMIN/DF = 1.341 < 3，达到要求；RM-SEA = 0.058，小于 0.08 的标准；CFI = 0.912，NFI = 0.954，GFI = 0.912，均高于 0.9 的要求。说明品牌隔离一阶因子模型拟合良好，模型可以接受。

表 6 - 8　　　　　　　品牌隔离一阶验证性因子分析

变量	因子负荷（R）
品牌隔离 1	0.673[b]
品牌隔离 2	0.798 ***
品牌隔离 3	0.699 ***
品牌隔离 4	0.897 ***
品牌隔离 5	0.832 ***

续表

变量	因子负荷（R）
品牌隔离 6	0.695 ***
品牌隔离 7	0.695 ***
品牌隔离 8	0.688 ***

拟合指数：CMIN/DF = 1.341　RMSEA = 0.058　CFI = 0.912　NFI = 0.954　GFI = 0.912

（四）品牌内在因素

品牌内在因素的一阶验证性因子分析结果见表 6 – 9。品牌内在因素 4 个题项的因子负荷都大于 0.5；CMIN/DF = 2.301 < 3，达到要求；RMSEA = 0.041，小于 0.05；CFI = 0.952，NFI = 0.953，GFI = 0.913，均高于 0.9 的要求。说明品牌内在因素一阶因子模型拟合良好，模型可以接受。

表 6 – 9　　　　　　品牌内在因素一阶验证性因子分析

变量	因子负荷（R）
品牌内在因素 1	0.864[b]
品牌内在因素 2	0.910 ***
品牌内在因素 3	0.787 ***
品牌内在因素 4	0.749 ***

拟合指数：CMIN/DF = 2.301　RMSEA = 0.041　CFI = 0.952　NFI = 0.953　GFI = 0.913

（五）消费者个人因素

品牌内在因素的一阶验证性因子分析结果见表 6 – 10。消费者个人因素 3 个题项的因子负荷都大于 0.5；CMIN/DF = 0.973 < 3，达到要求；RMSEA = 0.032，小于 0.05；CFI = 0.928，NFI = 0.961，GFI = 0.932，均高于 0.9 的要求。说明消费者个人因素一阶因子模型

拟合良好，模型可以接受。

表 6 – 10 品牌内在因素一阶验证性因子分析

变量	因子负荷（R）
消费者个人因素 1	0.689[b]
消费者个人因素 2	0.930***
消费者个人因素 3	0.761***

拟合指数：CMIN/DF = 0.973   RMSEA = 0.032   CFI = 0.928   NFI = 0.961   GFI = 0.932

（六）初始品牌关系质量

初始品牌关系质量的一阶验证性因子分析结果见表 6 – 11。初始品牌关系质量 5 个题项的因子负荷都大于 0.5；CMIN/DF = 2.627 < 3，达到要求；RMSEA = 0.067，小于 0.08；CFI = 0.954，NFI = 0.932，GFI = 0.943，均高于 0.9 的要求。说明初始品牌关系质量一阶因子模型拟合良好，模型可以接受。

表 6 – 11 初始品牌关系质量一阶验证性因子分析

变量	因子负荷（R）
初始品牌关系质量 1	0.799[b]
初始品牌关系质量 2	0.845***
初始品牌关系质量 3	0.876***
初始品牌关系质量 4	0.818***
初始品牌关系质量 5	0.849***

拟合指数：CMIN/DF = 2.627   RMSEA = 0.067   CFI = 0.954   NFI = 0.932   GFI = 0.943

（七）风险态度

风险态度的一阶验证性因子分析结果见表 6 – 12。风险态度 4 个题项的因子负荷都大于 0.5；CMIN/DF = 2.096 < 3，达到要求；RM-SEA = 0.054，小于 0.08；CFI = 0.913，NFI = 0.908，GFI = 0.909，均高于 0.9 的要求。说明风险态度一阶因子模型拟合良好，模型可以接受。

表 6 - 12　　　　　　　　　　风险态度一阶验证性因子分析

变量	因子负荷（R）
风险态度 1	0.788[b]
风险态度 2	0.791 ***
风险态度 3	0.891 ***
风险态度 4	0.912 ***

拟合指数：CMIN/DF = 2.096　　RMSEA = 0.054　　CFI = 0.913　　NFI = 0.908　　GFI = 0.909

第三节　模型分析与假设检验

上节对正式问卷信度和效度进行分析，本节运用正式调研所获数据、利用结构方程模型对品牌隔离形成机理模型进行检验。

对模型的检验分两步进行：首先，对品牌隔离形成机理模型进行参数估计和假设检验；其次，对品牌隔离形成机理的调节模型进行检验。前者着重分析各影响因素是如何通过中介变量激活隔离过程，并对假设进行检验；后者着重分析初始品牌关系质量、消费者风险态度是如何对品牌隔离的形成产生调节作用，并对假设进行检验。

一、模型分析与假设检验

（一）模型拟合度分析

利用 AMOS 对模型的拟合度进行分析，拟合结果见表 6 - 13。CMIN/DF = 2.351 < 3，符合标准；RMSEA = 0.064，小于 0.08，符合

良好标准；CFI = 0.955，大于0.9的标准；NFI = 0.938，大于0.9的标准；GFI = 0.909，大于0.9的标准。假设模型拟合指标都达到判断标准，因此，模型整体拟合达到标准，假设模型可以接受。

表 6 - 13　　　　　　　　　　　模型拟合度结果

指数	CMIN/DF	RMSEA	CFI	NFI	GFI
实际值	2.351	0.063	0.955	0.938	0.943
判断标准	<3	<0.05 优良； <0.08 良好	>0.9	>0.9	>0.9

（二）假设路径显著性检验

路径显著性检验主要是验证模型中参考估计值是否具有统计意义。使用 AMOS 进行显著性检验时，可以利用临界比例（简称 C. R.）或直接查看显著性水平 P 值进行判断，当 $|CR| \geq 1.96$ 或 P 值为（ ** 或 *** ），可以判断在显著性水平 0.05（或 0.001）下路径系数估计值与原假设（0 假设）存在显著差异。本节使用 AMOS17.0 软件对模型的路径系数进行显著性检验，结果见表 6 - 14。

表 6 - 14　　　　　　　路径系数和显著性（第一次检验）

关系	标准化路径系数	C. R.	P	显著状况
自我概念一致性 <--- 消费者个人因素	-0.02	-1.600	0.110	不显著
自我概念一致性 <--- 外部情境	-0.32	-5.088	***	显著
感知风险 <--- 品牌内在因素	-0.01	-1.093	0.275	不显著
感知价值 <--- 品牌内在因素	0.07	2.074	0.038 **	显著
感知价值 <--- 外部情境	-0.05	-1.539	0.124	不显著
自我概念一致性 <--- 品牌内在因素	-0.12	-5.489	***	显著

续表

关系	标准化路径系数	C. R.	P	显著状况
品牌隔离 <--- 感知价值	-0.29	-5.195	***	显著
品牌隔离 <--- 自我概念一致性	-0.35	-3.825	***	显著
品牌隔离 <--- 感知风险	0.12	0.981	0.327	不显著
感知风险 <--- 外部情境	0.01	0.940	0.348	不显著

注：*** 表示 0.001 水平上显著，** 表示 0.05 水平上显著。

从表 6-14 可以看出，消费者个人因素对自我概念一致性的标准化路径系数为 -0.02，｜CR｜=1.600，小于 1.96 的基本要求，P 值为 0.110，意味着非显著，说明两者之间关系较弱，考虑将消费者个人因素对自我概念一致性之间的路径删除；品牌内在因素对感知风险的标准化路径系数 -0.01，说明两者关系较弱，｜CR｜=1.093，小于 1.96 的要求，P 值为 0.275，意味着非显著，考虑将品牌内在因素对感知风险之间的路径删除；外部情境对感知价值的标准化路径系数 -0.05，说明两者关系较弱，｜CR｜=1.539，小于 1.96 的要求，P 值为 0.124，意味着非显著，考虑将外部情境对感知价值之间的路径删除；外部情境对感知风险的标准化路径系 0.01，说明两者关系较弱，｜CR｜=0.940，小于 1.96 的要求，P 值为 0.348，意味着非显著，考虑将外部情境对感知风险之间的路径删除；感知风险对品牌隔离 P 值为 0.327，｜CR｜=0.981，小于 1.96，意味着非显著，考虑将该路径删除。

将上述路径删除后，自变量中消费者个人因素将被删除，同时中介变量感知风险与因变量没有建立起关系，将模型进行调整后再次进行检验（结果详见表 6-15）。

表 6 – 15 　　　　　　　　路径系数和显著性（第二次检验）

关系	标准化路径系数	C. R.	P	显著状况
自我概念一致性 <--- 外部情境	– 0.30	– 5.002	***	显著
感知价值 <--- 品牌内在因素变化	0.19	4.234	***	显著
自我概念一致性 <--- 品牌内在因素变化	– 0.34	– 5.773	***	显著
品牌隔离 <--- 感知价值	– 0.41	– 6.190	***	显著
品牌隔离 <--- 自我概念一致性	– 0.11	– 2.599	0.017 **	显著

注：*** 表示 0.001 水平上显著，** 表示 0.05 水平上显著。

从表 6 – 15 来看，将 | CR | 值和 P 值不显著的路径删除后，剩余的路径均呈显著状态。其中，外部情境对自我概念一致性、品牌内在因素对自我概念一致性、感知价值对品牌隔离、自我概念一致性对品牌隔离这 4 条路径是负向影响关系，品牌内在因素对感知价值是正向影响关系。

二、调节模型分析与检验

上述对品牌隔离形成机理模型的检验是在不考虑调节变量作用下的结果，根据本文的规范分析，品牌隔离形成机理是受到包括初始品牌关系质量、消费者风险态度两个调节变量的影响。但因感知风险中介变量没有直接对品牌隔离产生影响，在此，只分析初始品牌关系质量的调节作用。

本节运用 AMOS 中的多群组 SEM（结构方程模型）分析研究调节效应，在 AMOS 分析中，若 $p < 0.05$，则拒绝虚无假设，认为无限制模型与参数限制模型有差异，类别变量对预定模型有调节作用。

1. 验证 H18

H18：初始品牌关系质量在感知价值与品牌隔离关系中起着调节作用。根据原假设，感知价值对品牌隔离的作用中，消费者与品牌的初始关系质量越高，则越能减弱感知价值对品牌隔离的影响；反之，亦然。将初始品牌关系质量视为类别变量，利用多群组 SEM 分析初始品牌关系质量对感知价值与品牌隔离关系的调节作用。图 6 – 1 是待检验的理论模型，分析结果见表 6 – 16、表 6 – 17。

图 6 – 1　初始品牌关系质量对感知价值和品牌隔离的调节作用

表 6 – 16　　　　　　　　多群组 SEM 分析模型的拟合指标

统计检验量	P	RMR	CFI	RMSEA	TLI	IFI
无限制型	0.005	0.041	0.901	0.023	0.891	0.899
有限制型		0.037	0.905	0.022	0.905	0.905
适配标准	<0.05	<0.05	>0.9	<0.05	>0.9	>0.9
模型适配判断	显著	适配	适配	适配	适配	适配

表 6 – 17　　　　　　不同初始品牌关系质量下感知价值对品牌

隔离关系影响的路径系数

	高初始品牌关系质量	低初始品牌关系质量
品牌隔离 <--- 感知价值	– 0.34 *	– 0.41 *

从表 6 – 17 可以看出，初始品牌关系质量不同，感知价值对品牌隔离的影响也不同。在高初始品牌关系质量的情形下，感知价值对品牌隔离的负向影响更小；在低初始品牌关系质量的情形下，感知价值对品牌隔离的负向影响更大。这说明高的初始品牌关系质量能弱化感知价值对品牌隔离的负向影响；表 6 – 16 显示，初始品牌关系质量在

感知价值与品牌隔离关系中的调节作用显著。假设 H18 成立。

2. 验证假设 H17

H17：初始品牌关系质量在自我概念一致性对品牌隔离作用中起着调节作用。根据原假设，自我概念一致性对品牌隔离的作用中，如果消费者与品牌的初始关系质量越牢固，则越能减弱自我概念一致性对品牌隔离的影响；反之，亦然。将初始品牌关系质量视为类别变量，利用多群组 SEM 分析初始品牌关系质量对自我概念一致性与品牌隔离关系的调节作用。图 6 - 2 是待检验的理论模型，分析结果见表 6 - 18、表 6 - 19。

图 6 - 2　初始品牌关系质量对自我概念一致性和品牌隔离的调节作用

表 6 - 18　　　　　　　多群组 SEM 分析模型的拟合指标

统计检验量	P	RMR	CFI	RMSEA	TLI	IFI
无限制型	0.035	0.032	0.946	0.023	0.962	0.972
有限制型		0.025	0.944	0.022	0.964	0.971
适配标准	<0.05	<0.05	>0.9	<0.05	>0.9	>0.9
模型适配判断	显著	适配	适配	适配	适配	适配

表 6 - 19　　　　　不同初始品牌关系质量自我概念一致性对

品牌隔离关系影响的路径系数

	高初始品牌关系质量	低初始品牌关系质量
品牌隔离 <--- 自我概念一致性	- 0.09 *	- 0.11 *

从表 6-19 可以看出，初始品牌关系质量不同，自我概念一致性对品牌隔离的影响也不同，相比低初始品牌关系质量的情形，对高初始品牌关系质量而言，自我概念一致性对品牌隔离的负向影响更小，即高的初始品牌关系质量可以减弱自我概念一致性对品牌隔离的负向影响；表 6-18 显示，初始品牌关系在自我概念一致性与品牌隔离关系中的调节作用显著。假设 H17 成立。

综上，本节所有假设的检验情况如表 6-20 所示。因此，品牌隔离形成机理概念模型应被修正为图 6-3 所示的模型。

表 6-20 　　　　　　　　　理论假设研究结果汇总

假设项	假设内容	检验结果
H1	品牌内在因素变化对消费者自我概念一致性产生负向影响	支持
H2	消费者自身因素变化对消费者自我概念一致性产生负向影响	不支持
H3	外部情境变化对自我概念一致性程度产生不利影响	支持
H4	品牌内在因素变化对感知价值产生正向影响	支持
H5	外部情境变化对感知价值有负向影响	不支持
H6	品牌内在因素变化对消费者感知风险产生负向影响	不支持
H7	外部情境变化对感知风险产生正向影响	不支持
H8	自我概念一致性程度对品牌隔离产生负向影响	支持
H9	感知价值对品牌隔离产生负向影响	支持
H10	消费者风险态度在感知风险对品牌隔离的影响中起着中介作用	不支持
H11	初始品牌关系质量在自我概念一致性与品牌隔离的关系中起调节作用	支持
H12	初始品牌关系质量在感知价值对品牌隔离的影响中起调节作用	支持
H13	初始品牌关系质量在感知风险与品牌隔离的关系中起调节作用	不支持
H14	消费者风险态度在感知风险与品牌隔离的关系中起调节作用	不支持

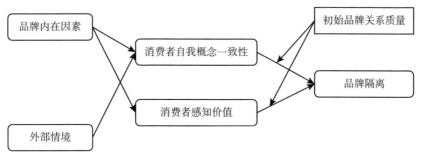

图 6 - 3　品牌隔离形成机理模型

第七章

研究结论与管理借鉴

第一节　研究结论

本研究探讨了品牌隔离的形成机理，尝试解释消费者与品牌间建立起的情感为什么会消退。用规范的量表开发程序编制适合中国消费者的品牌隔离量表，研究激活品牌隔离的影响因素，引入中介变量自我概念一致性和感知价值，调节变量初始品牌关系，系统分析各影响因素是如何通过中介变量和调节变量的作用对消费者的认知和情感产生影响，最终导致消费者与品牌间关系的隔离。本书在实证研究中得出如下几点结论：

（1）品牌依恋、品牌隔离、品牌断裂是三个独立的构面。这三个词均描述消费者与品牌之间的关系，但它们在情感与行为方面还是存在着差异。首先，品牌依恋与品牌隔离间，就情感而言，品牌依恋是"品牌—自我联结的强度"，强调两者关系的紧密性。品牌隔离是"情感弱化或消失"，强调的是消费者对品牌积极情感非常微弱或完全消失。就行为而言，品牌依恋对品牌考虑、重复购买、品牌忠诚等行为有着显著的正向影响，品牌隔离对重复购买、品牌忠诚等有着显著的负向影响；其次，品牌隔离与品牌断裂间，就情感而言，品牌隔离中消费者对品牌的情感是积极情感或中立情感，品牌断裂中消费者对品牌的情感不包括积极情感和中立情感。就行为而言，虽然品牌隔离和品牌断裂对重复购买、品牌忠诚等行为都有负向影响，但在品牌断裂中，几乎不存在重复购买行为，而在品牌隔离中重复购买行为有时或偶尔还会发生。

（2）消费者个人因素的变化不会造成品牌隔离。本书引入消费者自我概念一致性、感知价值和感知风险 3 个中介变量分析所有因素对品牌隔离的影响，其中，消费者个人因素只对消费者自我概念一致性产生路径影响，但是该路径系数不显著。同时，消费者个人因素也不直接对品牌隔离产生影响。说明消费者个人需求、价值观及收入变化只会让消费者去追求能满足需求、实现价值观、符合收入水平的品牌产品，但对原品牌产品的认知、情感不会造成影响，若消费者对原品牌有积极的认知和情感，个人因素发生变化后将仍保持着积极的态度。虽然他们很少再去购买原品牌产品，但对原品牌产品仍保留着较好的口碑，并且也会推荐周围朋友去购买原品牌产品。

（3）品牌内在因素变化通过两条路径对品牌隔离产生影响。品牌内在因素变化没有直接对品牌隔离产生影响，但它通过两条路径间接对品牌隔离产生影响：一是通过感知价值中介作用对品牌隔离产生影响，品牌内在因素中感知质量下降、企业伦理下降、品牌风格变化过于频繁后，消费者会感知原品牌的价值下降了，这时对原品牌的积极情感将逐渐减少，最终导致隔离的产生；二是通过自我概念一致性中介作用对品牌隔离产生影响。

（4）外部情境因素变化对品牌隔离产生影响。外部情境因素变化没有直接对品牌隔离产生影响，但它会通过自我概念一致性的中介作用对品牌隔离产生影响。外部情境因素中流行因素变化后若消费者仍然使用原品牌产品，尤其对一些追求时尚的消费者来说明显感知到品牌形象与自我概念不一致，于是与原品牌产生隔离并积极寻求符合潮流的可替代品牌。同样，出现了更有吸引力的品牌后，消费者会感知到有吸引力品牌比原品牌与自我概念的匹配程度更高，因此，将与原品牌产生隔离并购买有吸引力的品牌。

149

（5）在感知价值与品牌隔离的关系中，初始品牌关系质量的调节作用显著。初始品牌关系质量在感知价值对品牌隔离的影响路径中起着显著的调节作用，相对于低初始品牌关系质量的情形，对高初始品牌关系质量而言，能减弱感知价值对品牌隔离负向影响。这说明不论是何种原因造成的消费者感知价值下降，只要品牌与消费者在刚接触时能建立起良好的、牢固的关系质量，就能减弱因感知价值下降而带来的隔离，避免关系进一步恶化。

（6）初始品牌关系质量对消费者自我概念一致性与品牌隔离关系的调节作用显著。初始品牌关系质量在消费者自我概念一致性对品牌隔离的影响路径中起着显著的调节作用，相对于低初始品牌关系质量的情形，对高初始品牌关系质量而言，能减弱消费者自我概念一致性对品牌隔离负向影响。这说明不论是何种原因造成的消费者自我概念一致性程度下降，只要品牌与消费者在刚接触时能建立良好的、牢固的关系质量，就能减弱因消费者自我概念一致性下降引起的隔离程度，避免关系进一步恶化。

第二节　管理借鉴

本节从消费者视角出发，研究品牌内在因素、消费者个人因素、外部情境因素变化是如何激活品牌隔离，研究所得结论能够帮助营销管理者深入了解品牌隔离是如何产生的，并提出针对性的营销策略，帮助企业增加与消费者的情感，避免隔离的发生。

一、改变品牌内在因素、关注外部情境因素

实证分析表明消费者个人因素变化不会引起品牌隔离的产生，品牌内在因素、外部情境因素是引起品牌隔离的主要因素。企业可以通过改变品牌内在因素、关注外部情境因素等策略来增加品牌与消费者间的积极情感，避免关系进一步恶化。

(一) 改变品牌内在因素策略

引起品牌隔离的内在因素主要包括：顾客感知质量下降、企业伦理水平下降、产品价格增长过快、品牌风格变化过于频繁等，因此企业在制定策略时应着重考虑这几个方面。

1. 提高顾客感知质量

在现实中，顾客感知质量与产品实际质量可能会存在差异，对于企业而言把握顾客感知质量十分关键。感知质量是消费者对产品的一种感性认识，而这种感性认识是消费者对产品、服务期望质量和经验质量对比后的结果。产品期望质量与营销沟通、产品销售、品牌形象、企业口碑、公共关系等密切相关，产品经验质量与产品的技术质量与功能质量密切相关，上述任何一个因素都与顾客感知质量有关。对企业来说，在不忽略每一个环节的基础上分清主次，从各个方面来提高顾客感知质量。必要时可考虑使用"感知质量的测量与评价程序"，对形成感知质量路线中的每一部分进行评价，实施改进措施。此外，也可考虑使用"关键时刻法"对顾客感知质量形成过程中的关键时段进行特定的重点分析，在关键时段采取适当措施以最大限度提高顾客感知质量。

价格在消费者感知质量评估中起着"安慰剂"的作用，消费者通常对价格高的产品有着较高的期望，他们认为高价格的产品就应该对应高质量的产品，从而对价格高的产品有着较高的感知质量。随着各种成本价格上涨，企业产品提高价格也在情理中，但是品牌产品价格不宜增长过快，应在消费者可接受的范围内进行调整，同时对价格的调整企业应事先做好解释，让消费者对价格调整有个心理适应过程，这样才能保持消费者对品牌的积极情感不消退。

2. 加强企业营销伦理建设

企业营销伦理是企业自身形象、社会形象、品牌形象的重要体现，同时也是评价企业道德的标准。营销伦理高的企业才能获取消费者的信任，其生产的产品才能得到消费者的喜爱。

营销伦理是道德层面的体现，由于不存在法律约束性，在产品生产的全过程中难以贯彻。这就要求营销管理者首先要重视营销伦理，只有管理者树立起营销伦理观念、加强伦理观念宣传，才能促使企业员工树立起营销伦理意识；其次营销管理者还要将营销伦理观念落实到具体的工作中，才能保证企业生产优质产品、提高服务质量。对于消费者而言，评价一个企业营销伦理高低的决定性因素是企业产品的优劣。因此，企业要对外树立起营销伦理形象，最重要的就是提高产品质量。

（二）密切关注外部情境因素

外部情境因素是企业自身无法操控的因素，但这些因素变化却能引起消费者情感的变化。因此，企业应考虑密切关注外部情境因素，调整产品适应外部环境变化，努力保持甚至增加消费者对品牌的情感。

流行因素是追求时尚的消费者尤为关注的要点，当流行因素发生变化，品牌产品仍保持原有风格，消费者若继续使用原品牌产品，将冒着"不入流"的风险，于是对原品牌产品的积极情感逐渐减弱并开始寻找符合潮流的替代品牌。对于企业来说品牌风格不能变化过于频繁但也不能一成不变，企业可以考虑在原有风格的基础上适当地添加时下的流行因素。

竞争对手的产品，尤其是比本企业产品更有吸引力的竞争品牌产品是引起消费者积极情感减弱并导致隔离的关键要素。企业可以考虑密切关注比本企业品牌更有吸引力的竞争品牌产品的动向，分析其更有吸引力的原因，并结合自身情况对本品牌产品做出适当的调整。

二、提高自我概念一致性、感知价值

研究发现自我概念一致性中介了各影响因素对品牌隔离的影响，

同时感知价值也中介了各影响因素对品牌隔离的影响。消费者自我概念一致性和感知价值是导致品牌隔离的基础，相对于高的自我概念一致性，低的自我概念一致性更容易导致隔离的发生。同样，低的感知价值更容易导致隔离的产生。所以，企业可以通过营销手段来提升消费者自我概念一致性，提高消费者的感知价值，进而增强消费者对品牌的积极情感，避免隔离的发生。

（1）结合目标消费者的自我概念，制定个性化的品牌定位。为了能让品牌特征和品牌的核心价值更清晰地被消费者识别并记住，企业应该在充分进行市场调研的基础上，了解消费者的生活方式、生活态度以及生活追求，深入挖掘目标顾客的自我概念，针对目标顾客关于"现实的自我""理想的自我"的描述，塑造品牌的核心价值观，自发唤起消费者的情感。

（2）重视差异化产品设计，以强化产品功能。为了在众多的品牌中脱颖而出，满足消费者"现实自我"的需要，企业可以考虑改进产品的核心功能，增加顾客感兴趣的附加功能，重视产品外观设计，保障产品的安全性和可靠性，提供消费者需要的功能性资源，赋予消费者自我效能感。

（3）提高顾客感知价值水平。提高产品质量、保证优质服务、降低感知风险是提高感知价值的基础。除此之外，也可以通过顾客参与提升顾客的体验价值、关系价值及心理利益价值等。构建良好的品牌形象也是提高顾客感知价值的方法之一，企业要在系统的资源整合的基础上形成品牌合力，除了在品牌自身因素上进行改善外，也可以通过战略规、品牌策划等来提升品牌形象。

三、选择初始品牌关系质量为标准进行市场细分

研究发现，初始品牌关系质量在感知价值对品牌隔离的影响中起着调节作用。在低初始品牌关系质量的情况下，感知价值越低，品牌隔离的程度将越高；在高初始品牌关系质量的情况下，感知价值对品

牌隔离的影响要小很多。所以，企业对感知价值较低的品牌产品实施情感提升策略时，应该考虑选择高初始品牌关系质量的消费者为目标市场，这样才能使情感提升策略成功实现。

初始品牌关系质量在自我概念一致性对品牌隔离的影响中起着调节作用。在低初始品牌关系质量的情况下，自我概念一致性越低，品牌隔离的程度将越高；在高初始品牌关系质量的情况下，自我概念一致性对品牌隔离的影响要小一些。企业对自我概念较低的品牌产品实施情感提升策略时，应该考虑选择高初始品牌关系质量的消费者为目标市场，这样才能使情感提升策略成功实现。

综上所述，企业可以通过提高感知质量、加强企业伦理建设、关注流行因素和竞争对手动向等方法来提升品牌与消费者间的积极情感；通过提高消费者的感知价值、提高消费者的自我概念一致性等方法来增强消费者与品牌之间的积极情感；在进行市场细分时可以考虑以初始品牌关系质量为标准，制定恰当的组合策略提升消费者对品牌的积极情感。

第三节　本书的创新、局限及未来的研究方向

一、本书的创新

本书在学术上可能有以下几个创新：

（1）构建了品牌隔离形成机理模型。近几年理论界已逐渐证实情感在维系消费者与品牌的关系中起着重要的作用，消费者能与品牌建立起情感联系，同时建立的情感联系也会因种种原因逐渐淡化。随着情感的淡化，消费者对品牌的承诺和重复购买行为将逐渐减少甚至消失。品牌隔离阶段消费者与品牌间的情感联结纽带已消失，但消费者对品牌的积极情感还微弱存在，随着外界各种因素的影响，积极情感将逐渐减少甚至消失，因此品牌隔离被视为关系恶化的风向标，同

时也是企业挽回流失顾客的关键阶段。目前，文献对品牌隔离研究较少，截至本书完成，笔者在各大数据库都没有搜索到"品牌隔离是怎样形成的"相关文献。本书一方面通过国内外文献的回溯，对品牌隔离的影响因素进行拓展和归纳；另一方面，本书也引入了中介变量和调节变量，来研究影响因素与品牌隔离之间的关系。目前国内理论界还没有建立模型来解释各影响因素是如何激发隔离过程的，本书建立的品牌隔离形成机理模型完善和丰富了品牌情感的理论研究成果。

（2）开发了本土化的品牌隔离量表。现有文献中学者们开发的量表很少而且基本都是立足西方文化背景，中国文化与西方文化存在较大差异，消费者对品牌隔离中认知和情感的理解也不完全相同，因此，完全照搬西方文化中的品牌隔离量表来测量中国消费者的情况是不可取的。本书在以往量表的基础上，针对中国文化情境，利用规范的量表开发程序开发了本土化的品牌隔离测量工具，为以后的品牌隔离理论研究奠定基础。

（3）厘清了品牌隔离、品牌依恋、品牌断裂三者之间的关系。品牌隔离、品牌依恋、品牌断裂都与消费者情感密切相关，但目前尚未有文献对三者的关系作出辨析，本研究试图从定性和定量分析两个角度厘清三者之间的关系。从核心内涵、测量方法、双因素理论等角度对品牌隔离与品牌依恋的关系进行解析，并运用实证方法对二者与重复购买、品牌忠诚等行为的关系进行分析；同样，从核心内涵、测量方法等角度对品牌隔离与品牌断裂的关系进行解析，并运用实证方法对二者与重复购买、品牌忠诚等行为的关系进行分析。

二、研究局限与未来的研究方向

受本人研究能力和研究条件的限制，本研究还存在一些研究局限和未来需要进一步研究的方向，主要表现在以下几个方面：

（1）激活品牌隔离过程的因素非常多，本书只是在国内外文献研读的基本上对影响因素进行归纳和拓展，可能还有一些重要的因素尚未考虑到。因此在今后的研究中，还需要对造成品牌隔离的因素继续留意和观察。

（2）本书站在消费者的视角，考察了品牌自身因素、消费者个人因素、外部情境因素对品牌隔离的影响，并且详细分析了消费者自我概念一致性、感知风险、感知价值的中介作用，讨论了初始品牌关系质量的调节作用，但是限于篇幅，书中的研究模型忽略了部分变量，如品牌忠诚、品牌信任等，都可能在各因素对品牌隔离的影响中起到中介或调节作用。这是在今后的研究中需要考虑的因素。

（3）本书提供的品牌隔离量表、品牌隔离形成机理都能帮助营销管理者判断企业品牌与消费者是否处于隔离状态，但利用量表来进行判断较为麻烦并且需要营销管理者对品牌隔离有较高的认知。因此，有必要研究出能够进行量化的评价标准。这是今后研究的一个方向。

（4）问卷以中国消费者为样本搜集数据，然而不同国家的消费者形成品牌隔离的影响因素不同，对品牌隔离的态度可能会有差异，同一品牌在不同国家的情感提升策略可能会有不同的效果。今后的研究需要考虑不同类型的市场上各因素对品牌隔离的影响是否会有差异。

（5）消费者与品牌关系处于隔离状态后，对企业而言最迫切的是实施顾客保留策略，最大限度地挽留即将离开的顾客。目前，学术界有部分学者对关系再续策略进行了研究，但基于断裂基础上的关系再续与基于隔离基础上的顾客保留存在着本质上的区别。今后的研究可以往这个方面继续深入。

附表 1 小组座谈会预先设计问题

小组座谈会预先设计问题

序号	问题
1	大家是否有这样的经历：你曾经很喜欢某个品牌，但一段时间后发现对这个品牌的喜爱降到一个较低水平，并开始积极寻找替代品牌？
2	你还记得这是哪个品牌吗？
3	当时为什么会喜欢这个品牌？
4	是什么原因让你对这个品牌的喜爱程度下降？
5	现在这个品牌在你心目中处于什么样的地位？
6	这个品牌与同类产品的其他品牌相比，它有哪些特征？
7	现在谈到这个品牌，你会有什么样的感情？
8	现在在购买这类产品时，这个品牌对你的购买行为有什么影响？
9	在什么情况下，你会再想起这个品牌？
10	曾经在热衷时买不到这个品牌的产品有什么感觉？现在不再喜欢它后还有这种感觉吗？

附表 2　品牌隔离量表收集、整理与补充题项

品牌隔离量表收集、整理与补充题项

序号	题项
1	我对这个品牌不再感兴趣
2	对于吃、穿、用，我已经不再热衷于这个品牌
3	买不到这个品牌的产品我不再沮丧
4	我不再关注这个品牌
5	我现在很少想起这个品牌
6	我不再被这个品牌吸引
7	我不再喜欢这个品牌
8	这个品牌的产品质量、功能不好
9	在购买这类产品时，我不能从众品牌中很快识别出这个品牌
10	当看到这个品牌时，我已经想不起它的广告、商标和图案
11	这个品牌对我来说可有可无
12	当看到这个品牌时，我要很久才能想起它的品牌个性或特征
13	我不再对这个品牌有亲切感
14	我不再觉得这个品牌值得信赖
15	我不再觉得这个品牌有那么好
16	我不再觉得与这个品牌打交道有那么愉悦
17	我在选择新产品时会把这个品牌作为参考
18	我会把其他品牌的产品与这个品牌的产品作对比，但选择它的可能很小
19	我不再满意这个品牌的产品设计
20	我不再满意这个品牌的产品
21	我对这个品牌没有好感
22	我对这个品牌没有太多的印象

续表

序号	题项
23	这类产品中有没有这个品牌不重要（没关系）
24	对这个品牌的产品我只看不买
25	这个品牌让我忆起很多以前的事情
26	我不再持有非这个品牌不买的想法
27	我把这个品牌作为备选品牌
28	对这个品牌我已经没有以前的感觉了
29	这个品牌能让我产生怀旧和回忆的情感
30	看到这个品牌我偶尔会想起我曾购买的这个品牌的某些产品
31	这个品牌给我发来新品短信时，我会自动屏蔽它
32	在看到这个品牌的产品时，我的眼光变得很挑剔
33	看到别人使用这个品牌的产品时，我会想到我曾经也使用过这个品牌的产品
34	没有什么能煽动我优先购买这个品牌
35	我对这个品牌再也没有感情了
36	这个品牌走出了我的脑海
37	我不能将这个品牌与同类产品的其他品牌区分开来
38	看到这个品牌的产品我不会买，但有时会拍一张照片发朋友圈
39	这个品牌的功能和性能没有想象中那么好

附表3 品牌关系调查问卷

您好！我是中南财经政法大学的一名在读博士生，正在做一项品牌情感方面的调查研究，您的经历及想法对本次研究非常重要，问卷不记名且问题不涉及隐私，请根据您的实际情况据实作答即可。谢谢合作！

一、您是否有过这样的经历：您曾经很喜欢某个品牌，但一段时间后对这个品牌的喜爱降到较低水平，并开始积极寻找其他可替代的品牌。（　　　）

A. 有　　　　　B. 没有

1. 您还记得这是哪个品牌吗？（下面2～13题项中"这个品牌"均指本品牌）

2. 您很喜欢这个品牌时，对它感觉如何？

问项内容	非常同意	比较同意	有点同意	不确定	有点不同意	比较不同意	非常不同意
我信赖这个品牌							
这个品牌暂时缺货我会延迟购买							
我对这个品牌有种特别的偏爱之情							
我被这个品牌深深地吸引							
当需要购买产品时，我会首先想到这个品牌							

续表

问项内容	非常同意	比较同意	有点同意	不确定	有点不同意	比较不同意	非常不同意
这个品牌可以表现我的身份和地位							
如果有人诋毁这个品牌，我会感到很生气							
一看到这个品牌我就会有亲切的感觉							
我非常关注有关这个品牌的信息							

3. 当您还很喜欢这个品牌时，您购买产品还会考虑这个品牌吗？
（   ）

 A. 很经常 B. 经常   C. 有时   D. 偶尔

 E. 从不

4. 当您还很喜欢这个品牌时，您会再购买这个品牌的产品吗？
（   ）

 A. 很经常 B. 经常   C. 有时   D. 偶尔

 E. 从不

5. 当您还很喜欢这个品牌时，您会一直忠于这个品牌吗？
（   ）

 A. 很经常 B. 经常   C. 有时   D. 偶尔

 E. 从不

6. 当您还很喜欢这个品牌时，这个品牌是您的首选吗？（   ）

 A. 很经常 B. 经常   C. 有时   D. 偶尔

 E. 从不

7. 当您还很喜欢这个品牌时，您会向周围人推荐这个品牌吗？
（   ）

A. 很经常　　　B. 经常　　　　C. 有时　　　　D. 偶尔

E. 从不

8. 当您对这个品牌的喜欢降到较低水平，并寻找替代品时，您对这个品牌的感觉如何？（　　）

问项内容	非常同意	比较同意	有点同意	不确定	有点不同意	比较不同意	非常不同意
我不再满意这个品牌的产品							
对于这个品牌我没好感							
这个品牌的功能和性能没有想象中那么好							
我现在很少想起这个品牌							
这个品牌发短信自动屏蔽它							
这类产品中有没有这个品牌已经不重要							
现在看到这个品牌眼光很挑剔							
我对这个品牌没有感情							

9. 在这种情况下，您购买产品时还会考虑这个品牌吗？（　　）

A. 很经常　　　B. 经常　　　　C. 有时　　　　D. 偶尔

E. 从不

10. 在这种情况下，您会再购买这个品牌的产品吗？（　　）

A. 很经常　　　B. 经常　　　　C. 有时　　　　D. 偶尔

E. 从不

11. 在这种情况下，您会一直忠于这个品牌吗？（　　）

A. 很经常　　　B. 经常　　　　C. 有时　　　　D. 偶尔

E. 从不

12. 在这种情况下，这个品牌是您的首选吗？（　　）

A. 很经常　　　B. 经常　　　　C. 有时　　　　D. 偶尔

E. 从不

13. 在这种情况下，您会向周围人推荐这个品牌吗？（　　）

A. 很经常　　　B. 经常　　　　C. 有时　　　　D. 偶尔

E. 从不

二、您是否有过这样的经历：您曾经很喜欢一个品牌，一段时间后对这个品牌的喜爱降到较低水平，并开始积极寻找其他可替代的品牌，最后您不再喜欢、排斥、不再购买这个品牌。（　　）

A. 有　　　　　B. 没有

1. 您还记得这是哪个品牌吗？（下面 2～19 题项中"这个品牌"均指本品牌）

2. 您很喜欢这个品牌时，对它感觉如何？

问项内容	非常同意	比较同意	有点同意	不确定	有点不同意	比较不同意	非常不同意
我信赖这个品牌							
这个品牌暂时缺货我会延迟购买							
我对这个品牌有种特别的偏爱之情							
我被这个品牌深深地吸引							
当需要购买产品时，我会首先想到这个品牌							
这个品牌可以表现我的身份和地位							
如果有人诋毁这个品牌，我会感到很生气							
一看到这个品牌我就会有亲切的感觉							
我非常关注有关这个品牌的信息							

3. 当您还很喜欢这个品牌时，您购买产品还会考虑这个品牌吗？
（　　）

A. 很经常　　　B. 经常　　　　C. 有时　　　　D. 偶尔

E. 从不

4. 当您还很喜欢这个品牌时，您会再购买这个品牌的产品吗？
（　　）

A. 很经常　　　B. 经常　　　　C. 有时　　　　D. 偶尔

E. 从不

5. 当您还很喜欢这个品牌时，您会一直忠于这个品牌吗？（　　）

A. 很经常　　　B. 经常　　　　C. 有时　　　　D. 偶尔

E. 从不

6. 当您还很喜欢这个品牌时，这个品牌是您的首选吗？（　　）

A. 很经常　　　B. 经常　　　　C. 有时　　　　D. 偶尔

E. 从不

7. 当您还很喜欢这个品牌时，您会向周围人推荐这个品牌吗？
（　　）

A. 很经常　　　B. 经常　　　　C. 有时　　　　D. 偶尔

E. 从不

8. 当您对这个品牌的喜欢降到较低水平，并寻找替代品时，您对这个品牌的感觉如何？（　　）

问项内容	非常同意	比较同意	有点同意	不确定	有点不同意	比较不同意	非常不同意
我不再满意这个品牌的产品							
对于这个品牌我没好感							
这个品牌的功能和性能没有想象中那么好							
我现在很少想起这个品牌							
这个品牌发短信自动屏蔽它							

续表

问项内容	非常同意	比较同意	有点同意	不确定	有点不同意	比较不同意	非常不同意
这类产品中有没有这个品牌已经不重要							
现在看到这个品牌眼光很挑剔							
我对这个品牌没有感情							

9. 在这种情况下，您购买产品时还会考虑这个品牌吗？（　　）

A. 很经常　　　B. 经常　　　　C. 有时　　　　D. 偶尔

E. 从不

10. 在这种情况下，您会再购买这个品牌的产品吗？（　　）

A. 很经常　　　B. 经常　　　　C. 有时　　　　D. 偶尔

E. 从不

11. 在这种情况下，您会一直忠于这个品牌吗？（　　）

A. 很经常　　　B. 经常　　　　C. 有时　　　　D. 偶尔

E. 从不

12. 在这种情况下，这个品牌是您的首选吗？（　　）

A. 很经常　　　B. 经常　　　　C. 有时　　　　D. 偶尔

E. 从不

13. 在这种情况下，您会向周围人推荐这个品牌吗？（　　）

A. 很经常　　　B. 经常　　　　C. 有时　　　　D. 偶尔

E. 从不

14. 当您不再喜欢、排斥、不再购买这个品牌时，您对这个品牌的感觉如何？（　　）

问项内容	非常同意	比较同意	有点同意	不确定	有点不同意	比较不同意	非常不同意
我不喜欢这个品牌							
我会告诉别人这个品牌效果不好							
我不希望这个品牌市场占有率高							
我不希望这个品牌推出更多的新产品							
我不会继续使用这个品牌							
我不会继续购买这个品牌							

15. 您购买产品时还会考虑这个品牌吗？（　　　）

A. 很经常　　　B. 经常　　　　C. 有时　　　　D. 偶尔

E. 从不

16. 您会再购买这个品牌的产品吗？（　　　）

A. 很经常　　　B. 经常　　　　C. 有时　　　　D. 偶尔

E. 从不

17. 您会一直忠于这个品牌吗？（　　　）

A. 很经常　　　B. 经常　　　　C. 有时　　　　D. 偶尔

E. 从不

18. 这个品牌是您的首选吗？（　　　）

A. 很经常　　　B. 经常　　　　C. 有时　　　　D. 偶尔

E. 从不

19. 您会向周围人推荐这个品牌吗？（　　　）

A. 很经常　　　B. 经常　　　　C. 有时　　　　D. 偶尔

E. 从不

三、您的基本情况。

1. 您的性别：（　　　）

A. 男　　　　　B. 女

2. 您的年龄：（　　　）

A. 20 岁以下　B. 20～30 岁　C. 31～40 岁　D. 41～50 岁

E. 50 岁以上

3. 您的学历：（　　　）

A. 高中以下　B. 高中或中专　C. 专科　　　D. 本科

E. 硕士或以上

4. 您平均每月可支配的金额：（　　　　）

A. 500 元及以下　　　　　　B. 501～1 000 元

C. 1 001～2 000 元　　　　　D. 2 001～3 000 元

E. 3 000 元以上

附表4 品牌隔离（预）调研问卷

品牌隔离（预）调研问卷

您好！我是中南财经政法大学的一名在读博士生，正在做一项品牌情感方面的调查研究，您的经历及想法对本次研究非常重要，问卷不记名且问题不涉及隐私，请根据您的实际情况据实作答即可。谢谢合作！

1. 您是否有过这样的经历：您曾经很喜欢某个品牌，但一段时间后对这个品牌的喜爱降到较低水平，并开始积极寻找其他可替代的品牌。（   ）

A. 有   B. 没有

2. 您还记得这是哪种产品的品牌吗？（   ）

A. 服装   B. 化妆品   C. 手机   D. 零食

E. 日用品   F. 购物平台   G. 其他

3. 您还记得这是哪个品牌吗？（下面题项中"这个品牌"均指本品牌）

4. 您对这个品牌的喜爱降到较低水平的原因是什么？（您只需在最符合您情况的方框中打"√"）

编号	问项内容	非常同意	同意	不确定	不同意	非常不同意
1	感觉这个品牌的产品质量下降了					
2	这个品牌风格变化过于频繁					
3	这个品牌风格一成不变					
4	这个品牌产品价格增长过快					

编号	问项内容	非常同意	同意	不确定	不同意	非常不同意
5	这个品牌产品价格下降过多					
6	这个品牌的企业缺少社会责任感					
7	这个品牌的企业缺失诚信					
8	您的需求发生变化					
9	您的价值观发生变化					
10	您的收入增加					
11	您的收入减少					
12	流行因素发生变化					
13	其他品牌产品比这个品牌产品更有吸引力					
14	购买这个品牌不方便了					

5. 如果让您把这个品牌想象成一个具体的人物，您认为他（她）在您心中的印象如何？（您只需在最符合情况的方框中打"√"）

编号	问项内容	非常同意	同意	不确定	不同意	非常不同意
1	务实的（实用、性价比高）					
2	诚实的					
3	健康的					
4	令人愉快					
5	大胆自信					
6	精力充沛					
7	富有想象力					
8	时尚的					
9	可靠的（值得信赖）					

续表

编号	问项内容	非常同意	同意	不确定	不同意	非常不同意
10	聪慧的（创新科技）					
11	成功的					
12	属于上流阶层					
13	有魅力的					
14	热衷户外活动					
15	坚韧的					

6. 您感觉自己是一个怎样的人？（您只需在最符合您情况的方框中打"√"）

编号	问项内容	非常同意	同意	不确定	不同意	非常不同意
1	我为人非常踏实，从不空想					
2	我是一个老实本分的人					
3	我身体健康，基本不生病					
4	我是个快乐的人，我也时常把快乐带给朋友					
5	和领导或陌生人讲话，我从不紧张					
6	我总感觉有用不完的劲					
7	想象力非常丰富					
8	我喜欢买流行的衣服穿					
9	别人交代我的事情，我一定努力完成					
10	很少有问题能难倒我					

编号	问项内容	非常同意	同意	不确定	不同意	非常不同意
11	不管是工作还是生活中我都是一个成功的人					
12	我希望自己能活得优雅些					
13	一到周末许多朋友都向我发出邀请					
14	我喜欢待在室外					
15	如果一件事情没完成，我会坚持去做					

7. 您希望自己成为一个怎样的人？（您只需在最符合您情况的方框中打"√"）

编号	问项内容	非常同意	同意	不确定	不同意	非常不同意
1	我希望成为一个有自信的人					
2	我希望自己快乐并能传播快乐					
3	想象力异常丰富					
4	成为实干家，而不是空想家					
5	答应的事一定会做到					
6	老实本分的人					
7	跻身上流社会，成为有品位的人					
8	对时尚元素非常敏感					
9	再大的困难也不能阻止我完成想法					
10	成为一个聪明的人					
11	成为精力充沛的人					

续表

编号	问项内容	非常同意	同意	不确定	不同意	非常不同意
12	许多人欣赏我					
13	工作或生活中取得的成就均得到别人的认可和好评					
14	时常能和朋友出去郊游、旅行					
15	有一个健康的身体					

8. 请根据您平常的表现，对下面问项做出选择。（您只需在最符合您情况的方框中打"√"）

编号	问项内容	非常同意	同意	不确定	不同意	非常不同意
1	在决定任何事情之前，我会仔细想想					
2	我避免做有风险的事情					
3	当有机会冒险时，我会非常注意安全					
4	我宁愿多花时间比较，也不愿意事后后悔					
5	我希望能确实了解产品的相关信息					
6	我不喜欢尝试新奇的事物					

9. 当您对这个品牌的喜爱降到较低水平时，如果再继续使用这个品牌产品，您会有什么感觉？（您只需在最符合您情况的方框中打"√"）

编号	问项内容	非常 同意	同意	不确定	不同意	非常 不同意
1	我担心使用劣质产品对健康有影响					
2	我担心使用过时的产品会给他人留下"不入潮流"的印象					
3	我担心这个品牌产品质量有问题					
4	若有比这个品牌更好的产品，而我继续使用这个品牌，我担心会购买到性价比低的产品从而遭受经济损失					
5	我担心继续使用这个品牌达不到预期效果					
6	我担心更换品牌会浪费我的时间和精力					

10. 如果现在让您继续使用这个品牌产品，您会有什么感觉？（您只需在最符合您情况的方框中打"√"）

编号	问项内容	非常 同意	同意	不确定	不同意	非常 不同意
1	我感觉物有所值					
2	我喜欢使用这个品牌的产品					
3	这个品牌产品的品质值得信赖					
4	继续使用这个品牌是件愉快的事					
5	继续使用这个品牌能给别人留下好印象					
6	继续使用这个品牌让我在社交场合更自信					

11. 当您还喜欢着这个品牌的产品时，您与这个品牌的关系如何？（您只需在最符合您情况的方框中打"√"）

编号	问项内容	非常同意	同意	不确定	不同意	非常不同意
1	我对这个品牌提供的产品很满意					
2	这个品牌的实际表现与我的期望一致					
3	这个品牌与我的生活紧密相连					
4	我与这个品牌保持了长时间的关系					
5	我对这个品牌一直很信赖					

12. 您现在与这个品牌的关系如何？（即您对这个品牌的喜爱降到较低水平时，与这个品牌的关系如何？）（您只需在最符合您情况的方框中打"√"）

编号	问项内容	非常同意	同意	不确定	不同意	非常不同意
1	我不再满意这个品牌的产品					
2	对于这个品牌我没好感					
3	这个品牌的功能和性能没有想象中有那么好					
4	我现在很少想起这个品牌					
5	这个品牌发短信自动屏蔽它					
6	这类产品中有没有这个品牌已经不重要					
7	现在看到这个品牌眼光很挑剔					
8	我对这个品牌没有感情					

编号	问项内容	非常 同意	同意	不确定	不同意	非常 不同意
9	这个品牌对我来说可有可无					
10	我不再被这品牌吸引					

13. 您现在是否还满意、信任这个品牌？（您只需在最符合您情况的方框中打 "√"）

编号	问项内容	非常 同意	同意	不确定	不同意	非常 不同意
1	我相信该这个品牌是一个正直的品牌					
2	我相信这个品牌不会欺骗消费者					
3	我非常喜欢这个品牌					
4	我在使用这个品牌过程中一直都很好					
5	我确认购买这个品牌是个正确的决定					
6	我认为我对这个品牌有一种归属感					
7	我认为自己是这个品牌的忠实支持者					
8	我打算未来对这个品牌消费更多					
9	我将推荐其他人消费这个品牌					
10	我关心这个品牌的长期成功					

14. 您的基本情况

（1）您的性别：（　　　）

A. 男　　　　B. 女

（2）您的年龄：（　　）

A. 20 岁以下　　B. 20 ~ 30 岁　　C. 31 ~ 40 岁　　D. 41 ~ 50 岁

E. 50 岁以上

（3）您的学历：（　　）

A. 高中以下　　　　　　　B. 高中或中专

C. 专科　　　　　　　　　D. 本科

E. 硕士或以上

（4）您平均每月可支配的金额：（　　）

A. 500 元及以下　　　　　B. 501 ~ 1 000 元

C. 1 001 ~ 2 000 元　　　D. 2 001 ~ 3 000 元

E. 3 000 元以上

附表5 品牌隔离（正式）调研问卷

品牌隔离（正式）调研问卷

您好！我是中南财经政法大学的一名在读博士生，正在做一项品牌情感方面的调查研究，您的经历及想法对本次研究非常重要，期待得到您的帮助。本问卷采取匿名的形式进行，您的回答不涉及隐私，请根据您的实际情况据实作答即可。谢谢合作！

1. 您是否有过这样的经历：您曾经很喜欢某个品牌，但一段时间后对这个品牌的喜爱降到较低水平，并开始积极寻找其他可替代的品牌。（　　）

A. 有　　　　　B. 没有

2. 您还记得这是哪种产品的品牌吗？（　　　）

A. 服装　　　　B. 化妆品　　　C. 手机　　　　D. 零食

E. 日用品　　　F. 购物平台　　G. 其他

3. 您还记得这是哪个品牌吗？（下面题项中"这个品牌"均指本品牌）

4. 您对这个品牌的喜爱降到较低水平的原因是什么？（您只需在最符合您情况的方框中打"√"）

编号	问项内容	非常同意	同意	不确定	不同意	非常不同意
1	感觉这个品牌的产品质量下降了					
2	这个品牌风格变化过于频繁					
3	这个品牌产品价格增长过快					
4	这个品牌的企业缺失诚信					

续表

编号	问项内容	非常同意	同意	不确定	不同意	非常不同意
5	您的需求发生变化					
6	您的价值观发生变化					
7	您的收入增加					
8	流行因素发生变化					
9	其他品牌产品比这个品牌产品更有吸引力					
10	购买这个品牌不方便了					

5. 如果让您把这个品牌想象成一个具体的人物，您认为他（她）在您心中的印象如何？（您只需在最符合情况的方框中打"√"）

编号	问项内容	非常同意	同意	不确定	不同意	非常不同意
1	务实的（实用、性价比高）					
2	诚实的					
3	令人愉快					
4	大胆自信					
5	富有想象力					
6	成功的					
7	有魅力的					
8	坚韧的					

6. 您感觉自己是一个怎样的人？（您只需在最符合您情况的方框中打"√"）

编号	问项内容	非常同意	同意	不确定	不同意	非常不同意
1	务实工作，从不空想					
2	为人诚实					
3	一个快乐同时也能传播快乐的人					
4	和领导或陌生人讲话，我从不紧张					
5	想象力非常丰富					
6	我为自己所取的成就感到自豪					
7	一到周末，许多朋友都向我发出邀请					
8	我能够持之以恒去做一件事情					

7. 您希望自己成为一个怎样的人？（您只需在最符合您情况的方框中打"√"）

编号	问项内容	非常同意	同意	不确定	不同意	非常不同意
1	成为一个大胆并有自信的人					
2	自己快乐并且也是能给别人带来快乐					
3	充满想象力					
4	成为实干家，而不是空想家					
5	一个诚实的人					
6	一个有毅力的人，从不轻言放弃					
7	成为一个有魅力的人					
8	不论工作还是生活中都是一个成功的人					

8. 请根据您平常的表现，对下面问项做出选择。（您只需在最符合您情况的方框中打"√"）

编号	问项内容	非常同意	同意	不确定	不同意	非常不同意
1	在决定任何事情之前，我会仔细想想					
2	当有机会冒险时，我会非常注意安全					
3	我宁愿多花时间比较，也不愿意事后后悔					
4	我希望能确实了解产品的相关信息					

9. 当您对这个品牌的喜爱降到较低水平时，如果再继续使用这个品牌产品，您会有什么感觉？（您只需在最符合您情况的方框中打"√"）

编号	问项内容	非常同意	同意	不确定	不同意	非常不同意
1	我担心使用劣质产品对健康有影响					
2	我担心使用过时的产品会给他人留下"不入潮流"的印象					
3	我担心这个品牌产品质量有问题					
4	若有比这个品牌更好的产品，而我继续使用这个品牌，我担心会购买到性价比低的产品从而遭受经济损失					

续表

编号	问项内容	非常同意	同意	不确定	不同意	非常不同意
5	我担心更换品牌会浪费我的时间和精力					

10. 如果现在让您继续使用这个品牌产品，您会有什么感觉？（您只需在最符合您情况的方框中打"√"）

编号	问项内容	非常同意	同意	不确定	不同意	非常不同意
1	我感觉物有所值					
2	我喜欢使用这个品牌的产品					
3	这个品牌产品的品质值得信赖					
4	继续使用这个品牌是件愉快的事					
5	继续使用这个品牌能给别人留下好印象					
6	继续使用这个品牌让我在社交场合更自信					

11. 当您还喜欢着这个品牌的产品时，您与这个品牌的关系如何？（您只需在最符合您情况的方框中打"√"）

编号	问项内容	非常同意	同意	不确定	不同意	非常不同意
1	我对这个品牌提供的产品很满意					
2	这个品牌的实际表现与我的期望一致					

续表

编号	问项内容	非常同意	同意	不确定	不同意	非常不同意
3	这个品牌与我的生活紧密相连					
4	我与这个品牌保持了长时间的关系					
5	我对这个品牌一直很信赖					

12. 您现在与这个品牌的关系如何？（即您对这个品牌的喜爱降到较低水平时，与这个品牌的关系如何？）（您只需在最符合您情况的方框中打"√"）

编号	问项内容	非常同意	同意	不确定	不同意	非常不同意
1	我不再满意这个品牌的产品					
2	对于这个品牌我没好感					
3	这个品牌的功能和性能没有想象中那么好					
4	我现在很少想起这个品牌					
5	这个品牌发短信自动屏蔽它					
6	这类产品中有没有这个品牌已经不重要					
7	现在看到这个品牌眼光很挑剔					
8	我对这个品牌没有感情					

13. 您的基本情况。

（1）您的性别：（　　　）

A. 男　　　　B. 女

（2）您的年龄：（　　　）

A. 20 岁以下　B. 20 ~ 30 岁　C. 31 ~ 40 岁　D. 41 ~ 50 岁

E. 50 岁以上

（3）您的学历：（　　）

A. 高中以下　　　　　　　　B. 高中或中专

C. 专科　　　　　　　　　　D. 本科

E. 硕士或以上

（4）您平均每月可支配的金额：（　　）

A. 500 元及以下　　　　　　B. 501 ~ 1 000 元

C. 1 001 ~ 2 000 元　　　　　D. 2 001 ~ 3 000 元

E. 3 000 元以上

参 考 文 献

［1］毕雪梅．顾客感知质量研究［J］．华中农业大学学报，2004
（3）：42－45．

［2］蔡翔，陶学禹．顾客价值及其分析模型［J］．经济管理·新
管理，2003（6）：56－60．

［3］陈放．品牌学－中国品牌实战原理［M］．北京：时事出版
社，2002．

［4］陈海亮．品牌个性驱动下的品牌情感、感知价值和品牌忠
诚关系的实证研究［D］．南京：南京师范大学，2012．

［5］代祺，周庭锐，胡培．情境视角下从众与反从众消费行为
研究［J］．管理科学，2007（4）．

［6］董大海，李广辉，杨毅．消费者网上购物感知风险构面研
究［J］．管理学报，2005（1）：55－60．

［7］董大海，权晓研，曲晓飞．顾客价值及其构成［J］．大连理
工大学学报，1999，20（4）：18－20．

［8］杜明帅．消费者自我概念与品牌个性一致性对品牌关系质
量的影响［D］．成都：西南财经大学，2014．

［9］范秀成，罗海成．基于顾客感知价值的服务企业竞争力探
讨［J］．南开管理评论，2003（6）：41－45．

［10］菲利普·科特勒．营销管理［M］．梅清豪译．上海：上海
人民出版社，2003．

［11］符国群．消费者行为学［M］．北京：高等教育出版社，

2001：243 – 245.

[12] 高海霞. 感知风险在消费者购买决策中的应用研究 [J]. 商业研究，2009（7）：90 – 92.

[13] 高玮. 浅析品牌与服装流行趋势预测的关系 [J]. 东方企业文化，2010.

[14] 高锡荣，胡旸. 消费者对网络购物的风险感知类型研究 [J]. 江苏商论，2011（3）：34 – 38.

[15] 关辉，董大海. 中国本土品牌形象对感知质量顾客满意品牌忠诚影响机制的实证研究 [J]. 管理学报，2008（7）：53 – 58.

[16] 郭莹，潘娜，袁红梅. 药品价格调整与品牌形象的关系 [J]. 中国药业，2012（2）：14 – 26.

[17] 何佳讯. 品牌关系质量本土化模型的建立与验证 [J]. 华东师范大学学报（哲社版），2006（3）：100 – 106.

[18] 何佳讯. 品牌形象策划——透视品牌经营 [M]. 上海：复旦大学出版社，2000（1）.

[19] 黄静，童泽林，张友恒，等. 负面情绪和说服策略对品牌关系再续意愿的影响 [J]. 心理学报，2012（8）：1114 – 1123.

[20] 黄静，熊巍. 犯错品牌的投入对消费者再续关系意愿的影响 [J]. 营销科学学报，2008（4）：13 – 22.

[21] 黄静，熊巍. 消费者品牌关系的断裂与再续：理论回顾与展望 [J]. 外国经济与管理，2007（7）：50 – 55.

[22] 黄静，姚琦，周南. 品牌关系准则对再续品牌关系意愿的影响 [J]. 经济管理，2009，32（3）：79 – 84.

[23] 姜岩. 消费者购物网站依恋机理研究 [D]. 大连：大连理工大学，2013.

[24] 金晟桦，朱惠泳. 大学教育服务质量对感知价值、顾客满意度以及大学生形象的影响 [J]. 经济师，2009（5）：99 – 100.

[25] 金玉芳. 消费者信任研究 [D]. 大连：大连理工大学博士

学位论文, 2005.

[26] 金贞花. 品牌忠诚度及其影响因素的概念性文献 [J]. 延边大学学报, 2008 (4): 101 – 104.

[27] 晋萍瑞. 品牌关系再续意愿影响因素的实证研究 [D]. 成都: 西南财经大学, 2013 (3).

[28] 雷鸣, 李文彪. 消费者购房行为感知风险构面的实证研究 [J]. 商场现代化, 2007 (11): 53 – 58.

[29] 李国锋. 产品伤害危机管理对品牌声誉与品牌忠诚关系的研究 [J]. 中国软科学, 2008 (1): 108 – 115.

[30] 李克琴, 喻建良. 品牌忠诚的分类研究 [J]. 湖南大学学报, 2002 (5): 25 – 28.

[31] 梁海红. 男性消费者自我概念模型及实证研究——以杭州市为例 [J]. 江苏商论, 2006 (12): 34 – 36.

[32] 梁文玲. 感知再续关系价值对服务品牌关系再续意向的影响研究 [D]. 济南: 山东大学博士论文, 2014.

[33] 林雅军, 吴娅雄, 鲍金伶, 等. 休眠品牌的品牌关系再续意愿影响因素的量表开发及测度检验 [J]. 统计与决策, 2010 (10): 172 – 175.

[34] 林雅军. 休眠品牌的品牌关系再续及品牌激活策略研究 [J]. 经济与管理, 2011 (6): 40 – 44.

[35] 林雅军. 休眠品牌的品牌关系再续意愿的影响因素分析 [J]. 统计与决策, 2011 (11): 102 – 104.

[36] 刘畅. 高端消费品感知价值影响因素的定量测度 [J]. 经济与管理研究, 2015 (11): 131 – 137.

[37] 刘静娴. 价格和品牌对高校大学生消费行为的影响分析——以 MP3 市场为例 [D]. 长春: 吉林大学, 2006.

[38] 刘晟楠. 消费者虚拟触觉研究: 成因与结果 [D]. 大连: 大连理工大学, 2011.

［39］刘志新．基于顾客感知价值的快递服务定价研究［D］．大连：大连理工大学，2015．

［40］陆娟，张东晗．消费者品牌忠诚影响因素实证分析［J］．财贸研究，2004（6）：39－46．

［41］吕泽西．服装品牌忠诚度与设计风格关联性研究［D］．北京：北京服装学院，2013．

［42］马俊淑，马大力．关于品牌伦理的思考［J］．天津纺织科技，2007（3）：52－54．

［43］宁欣．基于消费者视角的品牌隔离研究［J］．消费导刊，2008（7）．

［44］裘晓东．如何实施成功的品牌延伸战略［J］．商业研究，2003（12）：34－37．

［45］屈云波．全方位服务当今中国企业塑造强势品牌之关键［J］．销售与市场，1997（6）：18－22．

［46］孙强，司有和．网上购物顾客感知价值构成研究［J］．科技管理研究，2007（7）：185－187．

［47］孙颖．消费者自我概念一致性对品牌偏好的影响［J］．重庆科技学院学报，2014（4）：67－69．

［48］万苑薇．感知利益、感知风险和购买成本对网络消费者购买意向影响的研究［D］．广州：华南理工大学，2011．

［49］王芳．论价格调整与品牌形象［J］．企业管理，2005（5）：29－31．

［50］王分棉，张鸿，李云霞．消费者收入与认知水平对品牌成长影响的研究——基于省际面板数据的实证分析［J］．经济问题研究，2013（8）：91－95．

［51］王然．消费者自我概念与品牌个性的一致性对品牌忠诚的影响研究［D］．大连：东北财经大学，2011．

［52］王增明．从企业营销谈广告［J］．泸天化科技，2002

（9）：23 – 25.

[53] 王志刚，黄圣男，王辉耀．消费者偏好的变化对欧盟农业和食品政策的影响：一个宏观概览 [J]．中国食品与营养，2014 (20)：46 – 49.

[54] 吴明隆．结构方程模型——AMOS 的操作与应用 [M]．重庆：重庆大学出版社，2009.

[55] 希夫曼，卡纽克，江林．消费者行为学：Consumer behavior [M]．北京：中国人民大学出版社，2007.

[56] 项立．探讨消费者在社会化购物社区上的冲动购物行为 [D]．北京：中国科学技术大学，2013.

[57] 谢毅，彭泗清．消费者—品牌关系的影响因素：一项探索性研究 [J]．商业研究，2008 (1)：1 – 7.

[58] 徐小龙．产品伤害危机下消费者—品牌关系断裂影响因素及作用机制 [J]．经济问题探索，2013 (5)：162 – 166.

[59] 徐小龙，苏勇．消费者—品牌关系断裂研究述评 [J]．现代管理科学，2011 (8)：11 – 13.

[60] 徐永勋．自我概念与品牌个性一致性对顾客满意的影响研究 [D]．长春：吉林大学，2010.

[61] 许统邦，梁嘉成，夏剑龙．B2C 模式下的顾客感知价值研究 [J]．商场现代化，2006 (7)：106 – 107.

[62] 薛其虎，曹云明．顾客需求变化趋势分析 [J]．科技信息，2008 (15)：573 – 575.

[63] 严浩仁．试论顾客忠诚的影响因素及理论模型 [J]．商业经济与管理，2005 (4)：13 – 27.

[64] 杨静，宋宝香，彭纪生．FDI 对中国自主品牌的挤出效应分析及对策——以江苏省为例 [J]．现代管理科学，2007 (8)：19 – 21.

[65] 杨晓燕．女性消费者心理 5F 模型 [D]．广州：中山大学，2002.

［66］杨宜苗．店铺形象对顾客感知价值与交叉购买意愿的影响研究［D］．大连：东北财经大学，2009．

［67］杨永清，张金隆，满青珊，等．移动互联网用户采纳研究——基于感知利益、成本和风险视角［J］．情报杂志，2012（1）：200－206．

［68］易益．感知风险与零售商品牌购买之关系研究［D］．武汉：武汉大学，2005．

［69］曾宇容，马雁．感知风险和感知利益与消费者对网银业务的使用［J］．金融论坛，2011（1）：70－74．

［70］曾智．论消费者的自我概念与消费行为［J］．西南民族大学学报（人文社科版），2005，26（6）：275－278．

［71］张静．西式快餐产品伤害危机对品牌关系断裂影响研究［D］．南昌：江西财经大学，2013（6）．

［72］张梦霞．消费者购买行为的中西价值观动因比较研究［J］．经济管理，2005（8）：4－11．

［73］张婷森．消费者自我概念结构模型及其应用研究［D］．长沙：湖南大学，2007．

［74］张雍．服务质量和感知价值对消费者行为意向的影响——以打车软件为例［D］．上海：华东师范大学，2015．

［75］张玉鲁．基于S－O－R模型的服装网络购买意愿影响因素实证研究［D］．上海：东华大学，2011．

［76］张兆辉．自我建构、产品类型及自我概念对自我形象——品牌形象一致性的影响［D］．长沙：湖南师范大学，2012．

［77］章燕．消费者自我概念与品牌关系［J］．新闻大学，2006（4）：95－98．

［78］赵丽萍．期刊个性风格的延续性是打造期刊品牌形象的基石［D］．哈尔滨：哈尔滨师范大学，2014．

［79］钟凯．网络消费者感知价值对购买意愿影响的研究［D］．

沈阳：辽宁大学，2013.

［80］钟岭. 企业应对行为对消费者—品牌关系断裂影响机理研究［D］. 南昌：江西财经大学博士论文，2011.

［81］钟小娜. 网络购物模式下的顾客感知价值研究［J］. 经济论坛，2005（15）：131－133.

［82］周玉波，黄平意. 基于博弈论视角的品牌伦理制度化研究. 湖南大学学报，2011（1）.

［83］周志民. 品牌关系评估研究：BRI 模型及其应用［M］. 北京：中国文联出版社，2005：82－89，120－130.

［84］周志民. 品牌关系研究述评［J］. 外国经济与研究，2007（4）：46－54.

［85］朱海庆. 消费者自我概念结构维度研究［J］. 商场现代化，2012（690）：317－318.

［86］朱凌，王盛，陆雄文. 中国城市消费者的中外品牌偏好研究［J］. 管理世界，2003（9）：122－128.

［87］Aaker D A, Biel A L. Brand Equity & Advertising: Advertising's Role in Building Strong Brands（Advertising and Consumer Psychology）［M］. Mahwah, ErlBaum Assoc, 1993.

［88］Aaker, Jennifer L. "I" Seek Pleasures and "We" Avoid Pains: The Role of Self-regulatory Goals in Information［J］. Journal of Consumer Research, 2001, 2t3（Jun.）: 33－49.

［89］Aker, David A. Building Strong Brands［M］. The Free Press, 1996.

［90］Andreassen T W. Antecedents to Satisfaction with Service Recovery［J］. European Journal of Marketing, 2000, 34（1/2）: 156－175.

［91］Arvind Sahay, Nivedita Sharma Vikalpa. Brand Relationships and Switching Behavior for Highly Used Products in Young Consumers［J］. The Journal for Decision Makers, Jan－Mar 2010, Vol. 35 Issue 1, pp. 15 – 30.

[92] Asseal H. Consumer Behavior and Marketing Action [M]. (Fourth Edition), PWS – KENT Publishing Company, 1992.

[93] Author. "Brand detachment: conceptualization, antecedents and proposition of a measurement scale", Nordic Workshop on Relationship dissolution 20 – 22 September, Visby, Sweden, 2002.

[94] Babin B J, Darden W R & Griffin M. Work and/or fun: Measuring hedonic and utilitarian shopping value [J]. Journal of Consumer Research, 1994, 20 (4): 644 – 656.

[95] Bagozzi R P. Principles of Marketing Management [M]. Chicago: Science Research Associates Inc, 1986: 67 – 71.

[96] Baker J. The role of the environment in marketing service: the consumer perspective [C]//Czepiel J A, Congram C A, Shanahan J. The services challenge: integrating for competitive advantage. Chicago: American Marketing Association, 1987: 79 – 84.

[97] Belk R W. Situational Variables and Consumer Behavior [J]. Journal of Consumer Research, 1975 (2): 157 – 163.

[98] Bennett R, J Blythe. International Marketing, Strategy Planning, Market Entry & Implementation [M]. 3thed, Higher Education Press, 2003, 1.

[99] Bernhardt K L, Wei Y. Customer Satisfaction and Loyalty Measurement: A Two – Sided Approach [J]. Developments in Marketing Science, 2004 (27): 38 – 38.

[100] Blackston M. Observations: building equity by managing the brand's relationships [J]. Journal of Advertising Research, 1992, 32 (3): 79 – 83.

[101] Blackwell S A, Szeinbach S L & Barnes J H et al. The Antecedents of Customer Loyalty: An Empirical Investigation of the Role of Per-

sonal and Situational Aspects on Repurchase Decisions [J]. Journal of Service Research, 1999, 1 (4): 362 – 375.

[102] Bove L L, Johnson L W. A Customer-Service Worker Relationship Model [J]. International Journal of Service Industry Management, 2000, 11 (5): 491 – 511.

[103] Bower, G H, Forgas J P. Mood and Social Memory. In J. P. Forgas (Ed.), The Hand Book of Affect and Social Cognition, 2001, (pp. 95 – 120) Mahwah, NJ: Lawrence Erlbaum.

[104] Burnham T A, Frels J K, Mahajan V. Consumer Switching Costs: A Typology, Antecedents and Consequences [J]. Journal of the Academy of Marketing Science, 2003, 31 (2): 109 – 126.

[105] C B Bhattacharya & S, Sankar. Consumer – Company Identification: A Framework for Understanding Consumers'Relationships with Companies [J]. Journal of Marketing, 2003: 76 – 88.

[106] Chandhuri A, Holbrook M B. The Chain of Effects from Brand Trust and Brand Affect to Brand Performance: the Role of Brand Loyalty [J]. The Journal of Marketing, 2001: 81 – 93.

[107] Chandon P, Brian W & Gilles L. Hedonic and Utilitarian Benefits of Sales Promotions. Centre for Marketing Working Paper, 1998, December: 98 – 203.

[108] Chaudhuri A and M B Holbrook. The Chain of Effects from Brand Trust and Brand Affect to Brand Performance: The Role of Brand Loyalty, Journal of Marketing, 2001 (5): 81 – 93.

[109] Cho Y, Im I, Hiltz R et al. 2002. The Effects of Post-purchase Evaluation Factors on Online vs. Offline Customer Complaining Behavior: Implications for Customer Loyalty [J]. Advances in Consumer Research, 29 (1): 318 – 326.

[110] Churchill, Jr. Cz A & Peter, J P. Marketing: Creating Value

for customers [M]. 2nd ed. Boston, MA: McGraw – Hill, 1998.

[111] Clarkson J, Eckert C. Design Process Improvement: A Review of Current Practice [M]. London: Springer, 2005: 41 –44.

[112] Cleeren K, Dekimpe M G, Helsen K. Weathering Poductharm Crises [J]. Journal of the Academy of Marketing Science, 2008, 36 (2): 262 –270.

[113] Cohen J B. "An Interpersonal Orientation to the Study of Consumer Behaviour", Journal of Marketing Research, 1967 (4): 270 – 278.

[114] Cox D F. Risk Taking and Information Handling in Consumer Behavior [J]. Boston: Harvard University Press, 1967.

[115] Cunningham R M. Brand Loyalty-What, Where, How Much? [J]. Harvard Business Review, 1956, 34 (1): 116 –128.

[116] Davidyler. Supply Chain Influences on New Product Development in Fashion Clothing. Journal of Fashion Marketing&Management 2006 (3): 316 –328.

[117] Dick&Basu. Customer Loyalty: Toward An Integrated Framework. Journal of the Academy of Marketing Science, 1994, 22 (2): 99 –113.

[118] Dolich, I J. "Congruence Relationship between Self-image and Product Brands". Journal of Marketing, 1969 (6): 80 –84.

[119] Donovan R J, Rossiter J R. Store Atmosphere: An Environmental Psychology Approach [J]. Journal of Retailing, 1982, 58 (1): 34 –57.

[120] Dywer F R, Schurr P H, Oh S. Developing Buyer – Seller Relationships. Journal of Marketing, 1987 (51): 11 –27.

[121] Ericksen M K. Using Self – Congruity and Ideal Congruity to Predict Purchase Intention: A European Perspective [J]. Journal of Euro-

marketing, 1996, 6 (8): 41 – 56.

[122] Eroglu S A, Machleit K A and Davis L M. "Atmospheric qualities of online retailing: a conceptual model and implications". Journal of Business Research (54: 2) 2001, pp 177 – 184.

[123] Escalas J E and Bettman J R. You Are What They Eat, the Influence of Reference Groups on Consumers Connections to Brands [J]. Journal of Consumer Psychology, 2003, 13 (3): 339 – 3481.

[124] Fajer M T, Schouten J W. Breakdown and Dissolution of Person-br & Relationships. Advances in Consumer Research, 1995 (22): 663 – 667.

[125] Featherman M S, Pavlou P A. Predicting E – services Adoption: A Perceived Risk Facets Perspective [J]. International Journal of Human-computer Studies, 2003, 59 (4): 451 – 474.

[126] Foumier, S. Consumers and Their Brands: Developing Relationship Theory in Consumer Research [J]. Journal of Consumer Research, 1998, 24 (3): 342 – 373.

[127] Gillerc, Matear. The Temrinaiton Of Interifrme Rlationships, Journal of Business & Industrial Marketing, 1996, 15 (2): 94 – 112.

[128] Goode W J. Women in Divorce. New York, Free Press, 1956.

[129] Grenler, Dwayne D & Brown, Stephen W. Service Loyalty: Its Nature, Importance and Implications, Advancing Service Quality: A Global Perspective, 1996: 171 – 180.

[130] Gronhaug K and Gilly M. "A Transaction Cost Approach to Consumer Dissatisfaction and Complaint Actions". Journal of Economic Psychology, 1991 (2): 165 – 183.

[131] Gronroos C A. "A Service Quality Mode and Its Marketing Implication," Journal of Marketing, 1984 (18): 36 – 44.

［132］ Gronroos, C. Relationship Marketing Logic ［J］. Asia – Australia Marketing Journal, 1996, 4 (1): 1 – 12.

［133］ Halinena, Tahtinenj. A Process Theory of Relationship Ending. International Journal of Sevrice Industry Management, 2002, 13 (2).

［134］ Havila C W, Wilkinson J. The Profitable Art of Service Recovery ［J］. Harvard Business Review, 2001, 68 (4): 148 – 156.

［135］ Havila V. The Principle of the Conservation of Business Relationship Energy: or Many Kinds of Marketing Management, 2002, 31 (3): 191 – 203.

［136］ Heilbrunn B. "Les facteurs d'attachements du consommateur à la marque", Thèse de doctorat en sciences de gestion, Université Paris IX Dauphine, Paris, 2001.

［137］ Hellmut & Schutte, Deanna Ciarlante. Consumer Behavior in Asian. New York University Press, 1998.

［138］ Hocutt, Mary Ann. Relationship Dissol-ution Model: Antecedents of Relationship Commitment and the Likelihood of Dissolving a Relationship. International Journal of Service Industry Management, 1998, 9 (2): 189 – 200.

［139］ Holbrook M B. Consumer Value: A Framework for Analysis and Research ［J］. Advances in Consumer Research, 1996, 23 (1): 138 – 142.

［140］ Holbrook M B. On the Importance of Using Real Products in research on Marketing Strategy ［J］ Journal of Retailing, 1983, 59 (1): 4 – 23.

［141］ Holbrook, Morris B and Robert M. Schindler, Echoes of The Dear Departed Past: Some Work in Progress on Nostalgia, Advances in Consumer Research, 2001 (18): 330 – 333.

［142］ Homburg C, Hoyer W D, Stock R M. How to Get Lost Customers Back? A Study of Antecedents of Relationship Revival [J]. Journal of Acadamy Marketing Science, 2007 (35): 461 –474.

[143] Horney, K. The Neurotic Personality of Our Time, New York: W. W. Norton & Co. , Inc, 1937.

[144] Jacoby J, Kaplan L B. The Components of Perceived Risk [J]. Advances in Consumer Research, 1972, 3 (3): 382 –383.

[145] Jamal A, Goode M. Consumers and Brands: A Study of the Impact of Self-image Congruity on Brand Preference and Satisfaction, Marketing Intelligence and Planning, 2001, 19 (7): 482 –492.

[146] Jill G and Michael W L. Customer Will Back: How to Recapture Lost Customers and Keep Them Loyal [M]. San Francisco: Jossey – Bass, 2001.

[147] Jones T O & Sasser W E Jr. Why Satisfied Customers Defece? Harvard Business Review, November – December, 1995: 88 –89.

[148] Keller K L. Building Customer-based Brand Equity [J]. Marketing Management, 2001, 10 (2): 14 –21.

[149] Kim H, Sharron J L. E – Atmosphere, Emotional, Cognitive, and Behavioral Responses [J]. Journal of Fashion Marketing and Management, 2010, 14 (3): 412 –428.

[150] Klein J, Dawar N. Corporate Social Responsibility and Consumers' Attributions and Brand Evaluations in a Product – Harm Crisis [J]. International Journal of Research in Marketing, 2004, 21 (3): 203 –217.

[151] Klemperer P. Market with Consumer Switching Costs [J]. The Quarterly Journal of Economics, 1987, 102 (2): 375 –394.

[152] Kotler P. Atmospherics As a Marketing Tool [J]. Journal of Retailing, 1973, 49 (4): 48 –64.

[153] Larsen and Diener. The Satisfaction With Life Scale. Journal of

Personality Assessment, 1985, 49 (1).

[154] Lee M C. Predicting Behavioral Intention to Use Online Banking [C]. Proceedings of the 19th International Conference on Information Management, 2008.

[155] Levenson R W and Gottman. "Physiological and Affective Predictors of Change in Relationship Satisfaction". Journal of Personality and Social Psychology, 1985 (49): 85 – 94.

[156] Mai, Li – Wei, Conti, Paolo G. Dissolution of a Person – Brand Relationship: An Understanding of Brand-detachment. European Advances in Cons-umer Research, 2008 (8): 421 – 430.

[157] Markus H, Wurf E, The Dynamic Self – Concept: A Social Psychological Perspective. Annual Review of Psychology, 1987 (3): 299 – 337.

[158] Mathwick C, Malhotra N K and Rigdon E. "The Effect of Dynamic Experiences on Experiential Perceptions of Value: An Internet and Catalog Comparison". Journal of Retailing, 2002, 78 (1): 51 – 60.

[159] McCracken. on the Bipolarity of Positive and Negative Affect. Psychological Bulletin, 1993 (125): 3 – 30.

[160] Michael J P and Jacquelyn A O. Exploratory Examination of Whether Marketers Include Stakeholders in the Green New Product Development Process [J]. Journal of Cleaner Production, 1998, 81 (4): 66 – 67.

[161] Michalski, Silke. Types of Customer Relationship Ending Processes. Journal of Marketing Management, 2004, 20 (9/10): 977 – 999.

[162] Mitchell V W. Consumer Perceived Risk: Conceptualisations and Models [J]. European Journal of marketing, 1999, 33 (1/2): 163 – 195.

[163] Monroe K B. Pricing – Making Profitable Decisions [M].

McGraw – Hill, New York, NY. 1991.

[164] Nena Lim. Consumers' Perceived Risk: Sources versus Consequences [J]. Electronic Commerce Research and Applications, 2003 (2): 216 – 228.

[165] Perrin – Martinenq, Delphine. The Role of Brand Detachment on the Dissolution of the Relationship between the Consumer and the Brand. Journal of Marketing Management, 2004, 20 (9/10): 1001 – 1023.

[166] Petrick J F. "Development of a multi-dimensional scale for measuring the perceived value of a service". Journal of Leisure Research, 2002 (34): 119 – 134.

[167] Ravald, A &Gronroos, C. The Value Concept and Relationship Marketing [J]. European Journal of Marketing, 1996, 30 (2): 19 – 33.

[168] Reichheld F F. The Loyalty Effect: The Hidden Force Behind Growth, Profit And Lasting Value [M]. Boston. MA: Harvard Business School Press, 1996.

[169] Richins M L. Special Possessions and the Expression of Material Values. Journal of Consumer Research, 1994 (21).

[170] Rogers C R. A Theory of Therapy, Personality, and Interpersonal Relationships, As Developed in the Client-centered Framework [M]. New York: McOraw – Hill: 184 – 256.

[171] Rogers C R. Client – Centered Therapy; Its Current Practice, Implications, and Theory, Oxford, England: Houghton Mifflin, 1951.

[172] Rosenberg, Morris. Conceiving the self. New York: Basic books, 1979. 7.

[173] Russell J A. Evidence of Convergent Validity on the Dimensions of Affect [J]. Journal of Personality and Social Change, 1978, 36:

1152 – 1168.

〔174〕 Russell J A, Pratt G A. Description of the Affective Quality Attributed to Environments 〔J〕. Journal of Personality and Social Psychology, 1980, Vol. 38 No. 2: 311 – 322.

〔175〕 Sandell. Retail Environment, Self-congruity, and Retail Patronage: An Integrative Model and a Research Agenda 〔J〕. Journal of Business Research, 2000 (49): 127 – 138.

〔176〕 Sheth J N, Newman B I &Gross B L. Why We Buy What We Buy: a Theory of Consumption Values 〔J〕. Journal of Business Research, 1991, 22: 159 – 170.

〔177〕 Siomkos C, Triantafillidou A, Vassiliko-poulou A, Tsiamis I. Opportunities and Threats for Competitors in Product-harmCrises 〔J〕. Marketing Intelligence&Planning, 2010, 28 (6): 770 – 791.

〔178〕 Sirgy M J, Grewal D, Mangleburg T et al. Assessing the Predictive Validity of Two Methods of Measuring Self Congruity 〔J〕. Journal of Academy of Marketing Science, 1997, 25: 229 – 241.

〔179〕 Sirgy M J. Self-concept in Consumer Behavior: a Critical Review 〔J〕. Journal of Consumer Research, 1982, 9 (3): 287 – 300.

〔180〕 Stone R N, Grenhaug K. Perceived Risk: Further Considerations for the Marketing Discipline 〔J〕. European Journal of marketing, 1993, 27 (3): 39 – 50.

〔181〕 Strandvik T. and Holmlund. Customer Relationship Dissolution – What Do We Know and What Do We Need to Know, Meddelanden fran Svenska handelsh? gskolan 〔J〕. Swedish School of Economics and Business Administration, 2000, 9 (Mar): 434.

〔182〕 Sweeney, J C &Soutar, G N. Consumer – Perceived Value: the Development of a Multiple Item Scale 〔J〕. Journal of Retailing, 2001, 77 (2): 203 – 220.

［183］ Taylor J W. The Role of Risk in Consumer Behavior. Journal of Marketing, 1974, 38（2）: 54 – 60.

［184］ Thorbjornsen H et al. Building Brand Relationships Online: A Comparison of Two Interactive Applications ［J］. Journal of Interactive Marketing, 2002, 16（3）: 17 – 34.

［185］ Tucker, William T. The Development of Brand Loyalty ［J］. Journal of Marketing Research, 1964（August）: 32 – 23.

［186］ UerBa R A. Consumer Behavior As Risk Taking ［J］. Dynamic Marketing for a Changing World, 1960, 398.

［187］ Wood C M, Scheer L K. Incorporating Perceived Risk into Models of Consumer Deal Assessment and Purchase Intent ［J］. Advances in Consumer Research, 1996, 23（1）: 309 – 404.

［188］ Woodruff, R B. Customer Value: the Next Source for Competitive Advantage ［J］. Journal of the Academy of Marketing Science, 1997, 25（2）: 139 – 153.

［189］ You, Xueming and Naveen Donthu. "Developing and Validating a Multidimensional Consumer – Based Brand Equity Scale". Journal of Business Research, 2001, 52（April）: 1 – 14.

［190］ Zeithaml V A, Berry L, Parasuraman A. The behavioral consequences of service quality ［J］. The Journal of Marketing, 1996: 31 – 46.

［191］ Zeithaml V A. Consumer Perceptions of Price, Quality and Value: A Means-end Model and Synthesis of Evidence ［J］. Journal of Marketing, 1988, 52（3）: 2 – 22.

［192］ Zweig David, Pankaj Aggarwal. Breaking Promises: the Role of Psyehological Contract Breach in Mediating the Relationship between Marketing Practices and Brand Evaluations, in a Special Session Entitled "Contracting for Relationships". Advanees in Consume Research, 2005.

后　记

　　研究中涉及大量的问卷设计及模型构建，在此过程中我的博士导师张新国，我的博士同学石梦菊、曹兵，海南大学的同事王萍等为本书的撰写提供大力的支持，在此表示深深的敬意和谢意！

　　首先，感谢我的导师张新国教授。感谢您用渊博的知识、敬业的精神和严谨的治学态度教会我如何做人、做事、做研究；感谢您在我研究遇到困惑的时候，给我莫大的鼓励，您的悉心指导常使我如醍醐灌顶，顿然醒悟。师恩如海，您的教诲"说好话、做好事、做好人"将使我受益一生。

　　其次，感谢我的博士同学石梦菊、曹兵，他们是我学术研究路上不可或缺的老师，本书涉及大量的问卷调查，从问卷的设计到数据的处理，他们都给予我诸多的帮助，才使我的专著得以如期完成。

　　感谢我的同事海南大学的王萍老师，在数据的收集方面给我提供了许多帮助。同时也要感谢海南大学2012级市场营销、2014级物流和2013级市场营销专业的学生，是你们不辞辛苦地耗费人力、财力帮我完成问卷调查。

　　最后，要感谢我的家人对我一直以来的关爱、理解和支持。感谢我爱人的支持和鼓励。还特别要感谢我的父母，多年来是您们默默的支持，任劳任怨地帮我照顾孩子，没有您们的帮助我不可能有现在的收获。

　　本书在撰写过程中，参考和引用了一些专家、学者的文献和资料，在此表示衷心的感谢！

潘友仙

2022 年 11 月